KARL-JOSEF FLATTEN

Strafrechtlicher Ehrenschutz der Handelsgesellschaften

NEUE KÖLNER RECHTSWISSENSCHAFTLICHE ABHANDLUNGEN

HERAUSGEGEBEN VON

DER RECHTSWISSENSCHAFTLICHEN FAKULTÄT

DER UNIVERSITÄT ZU KÖLN

HEFT 23

Berlin 1962

WALTER DE GRUYTER & CO.

vormals G. J. Göschen'sche Verlagshandlung · J. Guttentag, Verlagsbuchhandlung
Georg Reimer · Karl J. Trübner · Veit & Comp.

Strafrechtlicher Ehrenschutz der Handelsgesellschaften

Von

Dr. Karl-Josef Flatten

Köln

Berlin 1962

WALTER DE GRUYTER & CO.

vormals G. J. Göschen'sche Verlagshandlung · J. Guttentag, Verlagsbuchhandlung
Georg Reimer · Karl J. Trübner · Veit & Comp.

Archiv-Nr. 27 08 62 3

Satz und Druck: Saladruck, Berlin N 65

INHALTSÜBERSICHT

ANHANG

LITERATURVERZEICHNIS

Ambach	Kollektiv-Injurien und Injurien gegen Kollektiv-Personen, Würzburger Dissertation 1904
v. Bar	Zur Lehre von der Beleidigung mit besonderer Rücksicht auf die Presse, GS Band 52, S. 81—208
Bassenge	Ehre und Beleidigung, Berlin 1937
Baumbach-Hefermehl	Kommentar zum Wettbewerbs- und Warenzeichenrecht, 8. Auflage, München und Berlin 1960
Berner	Lehrbuch des Deutschen Strafrechts, 18. Auflage, Leipzig 1898
Bertelsen	Die Ehre und die Beleidigungsfähigkeit von Personengesamtheiten, Kölner Dissertation 1937
Bickert	Objekt der Beleidigung, Münchener Dissertation 1908
Binding	Lehrbuch des Gemeinen Deutschen Strafrechts, Besonderer Teil, Erster Band, 2. Auflage, Leipzig 1902
Binding, Ehre	Die Ehre und ihre Verletzbarkeit, 1. und 2. Auflage, Leipzig 1892
Birk	Die passive Beleidigungsfähigkeit von Kapitalgesellschaften, Rundschau für GmbH 1956, S. 105—106
Bless	Die Beleidigung von Personengesamtheiten und von Einzelpersonen durch eine Gesamtbezeichnung, Rostocker Dissertation 1909
Bolze	Die Beleidigung kollektiver Personeneinheiten, GA Band 26, S. 1—22
Bruhns	Können juristische Personen und Körperschaften Gegenstand einer Beleidigung sein? GS Band 27, S. 481—504
Bruns	Zur Frage der passiven Beleidigungsfähigkeit handelsrechtlicher Kapitalgesellschaften im Strafrecht, NJW 1955, S. 689—693
v. Bülow	Über den Schutz der Ehre und das Recht freier Meinungsäußerung, GS Band 46, S. 261—298
v. Buri	Abhandlungen aus dem Strafrecht, S. 1—53, Gießen 1862
van Calker	Die Zeitung als Objekt der Beleidigung, DJZ 1902, S. 277—279
Dahs	Das kommende Strafgesetzbuch, NJW 1958, S. 1161 bis 1166

Dalcke-Schäfer	Dalcke-Fuhrmann-Schäfer, Strafrecht und Strafverfahren, 37. Auflage, Berlin 1961
Dochow	Beleidigung, in: Holtzendorffs Handbuch des deutschen Strafrechts, III. Band, Berlin 1874, S. 329—378
Dohna, Graf zu, DJZ	Beleidigung einer Genossenschaft, DJZ 1925, S. 1027 bis 1029
Dohna, Graf zu, DStR	Unzucht und Beleidigung, DStR 1941, S. 34—41
Dreher-Maassen	Strafgesetzbuch mit Erläuterungen und den wichtigsten Nebengesetzen, 3. Auflage, München und Berlin 1959
Eckstein	Die Ehre in Philosophie und Recht 1889
Eisler	Rechtsgut und Erfolg bei Beleidigung und Kreditgefährdung, Strafrechtliche Abhandlungen, Heft 140
Entwurf 1960	Entwurf eines Strafgesetzbuches (StGB), E. 1960, mit Begründung
Frank	Das Strafgesetzbuch für das Deutsche Reich nebst dem Einführungsgesetz, 18. Auflage, Tübingen 1931
Fuld	Das Reichsgesetz gegen den unlauteren Wettbewerb vom 7. Juni 1909, Kommentar
Gerland	Deutsches Reichsstrafrecht, 2. Auflage, Berlin und Leipzig 1932
Gerland GS	Einige Bemerkungen zur Beleidigungslehre im geltenden und künftigen Strafrecht, GS Band 110, S. 9 bis 76
Gierke, Otto	Das Wesen der menschlichen Verbände, Rede beim Antritt des Rektorats am 15. 10. 1902, Leipzig 1902
Goltdammer	Die Privat-Beleidigung juristischer Personen, GA Band 16, S. 840—848
Hälschner	Das gemeine deutsche Strafrecht, II. Band, 1. Abteilung, Bonn 1884
Haertel-Joel-Schmidt	Gesetz zur Vereinfachung des Wirtschaftsstrafrechts, Heidelberg 1949
Hamann	Das Grundgesetz, Berlin 1956
Hammeley	Die Kollektivbeleidigung (Beleidigung von Personengesamtheiten und von Einzelpersonen durch Gesamtbezeichnung), Tübinger Dissertation 1911
Helle	Der Schutz der persönlichen Ehre und des wirtschaftlichen Rufes im Privatrecht, Tübingen 1957
Henke	Handbuch des Criminalrechts und der Criminalpolitik, Zweiter Theil, Berlin und Stettin 1826
v. Hippel	Lehrbuch des Strafrechts, Berlin 1932
Hoffmann	Die Reformbedürftigkeit des Ehrenschutzes (insbesondere der einfachen Beleidigung) an Hand einer vergleichenden Darstellung des deutschen und englischen Rechts, Heidelberger Dissertation 1950

Hurwicz	Beleidigung sozialer Einheiten, ZStW Band 31, S. 873 bis 892
Jungbluth	Die Beleidigungsfähigkeit, Erlanger Dissertation 1934
Kern	Der Ehrenschutz im künftigen Strafrecht, Materialien zur Strafrechtsreform, Erster Band (Gutachten der Strafrechtslehrer), Bonn 1954, S. 303—332
Kleinknecht-Müller-Reitberger	Kommentar zur Strafprozeßordnung und zum Gerichtsverfassungsgesetz, 4. Auflage, Nürnberg- Düsseldorf-Berlin 1958
Köstlin	Abhandlungen aus dem Strafrecht, I., Erster Unterabschnitt, §§ 1—6, S. 1—117, Tübingen 1858
Kohler	Ehre und Beleidigung, GA Band 47, S. 1—48 und S. 98—154
Kohlrausch-Lange	Strafgesetzbuch mit Erläuterungen und Nebengesetzen, 42. Auflage, Berlin 1959
Koschmann	Der Kredit als strafrechtlich geschütztes Rechtsgut, Berliner Dissertation 1931
Kratz	Der strafrechtliche Ehrbegriff und das passive Subjekt der Ehrverletzung, Gießener Dissertation 1891
Lange	Zur Strafbarkeit von Personenverbänden, JZ 1952, S. 261—264
Lehmann	Gesellschaftsrecht, 2. Auflage, 1959
Lehndorff, Graf	Beleidigungsfähigkeit von Kollektivpersönlichkeiten nach geltendem und künftigem Recht, Bonner Dissertation 1931
Liepmann	Die Beleidigung, Vergleichende Darstellung des Deutschen und Ausländischen Strafrechts, Besonderer Teil, Band IV, S. 217—273
Lippold	Die Beleidigungsfähigkeit von Personenverbänden, Bonner Dissertation 1937
v. Liszt-Schmidt	Lehrbuch des Deutschen Strafrechts, 25. Auflage, Berlin und Leipzig 1927
v. Mangoldt-Klein	Das Bonner Grundgesetz, Band I, Berlin und Frankfurt 1957
Maunz-Dürig	Kommentar zum Grundgesetz, Lieferung 1—4, München und Berlin 1960
Maurach I	Deutsches Strafrecht, Allgemeiner Teil, 2. Auflage, Karlsruhe 1958
Maurach II	Deutsches Strafrecht, Besonderer Teil, 3. Auflage, Karlsruhe 1959
Merkel, Adolf	Lehrbuch des Deutschen Strafrechts, Stuttgart 1889
Meyer-Allfeld	Lehrbuch des Deutschen Strafrechts, 8. Auflage, Leipzig-Erlangen 1922
Mezger	Strafrecht, Besonderer Teil, 7. Auflage, 1960
Mühlmann-Bommel	Das Strafgesetzbuch an Hand der höchstrichterlichen Rechtsprechung für die Praxis, Regensburg 1949

Niederschriften	Niederschriften über die Sitzungen der Großen Strafrechtskommission, Besonderer Teil, Band 9
Niese	Die Rechtsprechung des Bundesgerichtshofs in Strafsachen, Beleidigung und falsche Anschuldigung, JZ 1960, S. 358 f.
v. Niesewand	Die Beleidigungsfähigkeit juristischer Personen, Leipziger Dissertation 1909
Niethammer	Lehrbuch des Besonderen Teils des Strafrechts, Tübingen 1950
v. Olshausen	Kommentar zum Strafgesetzbuch für das Deutsche Reich, 12. Auflage, I. Band, §§ 1—247 StGB, Berlin 1942
Passow	Die Kreditgefährdung, Strafrechtliche Abhandlungen Heft 42
Reimer	Wettbewerbs- und Warenzeichenrecht, 3. Auflage 1954
Rosenfeld	Die Nebenklage des Reichsstrafprozesses, S. 101 bis 103, Berlin 1900
Rotberg	Für Strafe gegen Verbände! Einige Grundsatzfragen, in: Hundert Jahre Deutsches Rechtsleben, Festschrift zum Hundertjährigen Bestehen des Deutschen Juristentages, Band II, S. 193—228, Karlsruhe 1960
Rüdorff-Stenglein	Strafgesetzbuch für das deutsche Reich, mit Kommentar, 4. Auflage, Berlin 1892
Sauer	System des Strafrechts, Besonderer Teil, Köln und Berlin 1954
Sauer, Ehre	Die Ehre und ihre Verletzung, Abhandlungen des kriminalistischen Instituts an der Universität Berlin, Dritte Folge, Zweiter Band, Erstes Heft, Berlin 1915
Sauer, System	System der Rechts- und Sozialphilosophie, 2. Auflage 1949
Schaefer LK II	Schaefer in: Ebermayer-Lobe-Rosenberg, (Leipziger Kommentar), Strafgesetzbuch, II. Band, 8. Auflage, Berlin 1958
Schierloh	Die Beleidigung in den §§ 185, 186, 187 RStGB und die Wahrnehmung berechtigter Interessen mit besonderer Berücksichtigung der Presse, Breslau 1925
Schlosky	Zum Ehrenschutz von Personengesamtheiten, DStR 1941, S. 85—95
Schmidt, Eberhard	Lehrkommentar zur Strafprozeßordnung und zum Gerichtsverfassungsgesetz, Teil II, Göttingen 1957
Schönke-Schröder	Strafgesetzbuch, 9. Auflage, München und Berlin 1959
Schrader	Ehrenschutz von Gemeinschaften, Göttinger Dissertation 1955

Schröder	Ehrenschutz von Gemeinschaften im kommenden Strafrecht, GS 110, S. 77—94
Schürhoff	Zur Lehre von der Beleidigung mit besonderer Berücksichtigung des Strafgesetzentwurfs 1925, Erlanger Dissertation 1927
Schütze	Lehrbuch des Deutschen Strafrechts, 2. Auflage, Leipzig 1874
Schwarz	Strafgesetzbuch und Nebengesetze, 22. Auflage, München und Berlin 1959
Schwarze	Commentar zum Strafgesetzbuch für das Deutsche Reich, 3. Auflage, Leipzig 1873
Stenglein	Das Antragsrecht des Vorgesetzten, GS Band 42, S. 79—101
Stenographische Berichte 1870	Stenographische Berichte über die Verhandlungen des Reichstages des Norddeutschen Bundes, Erste Legislatur-Periode, Session 1870, Zweiter Band
Stepperger	Die Beleidigung von Gesamtheiten, Erlanger Dissertation 1949
Wachenfeld	Lehrbuch des deutschen Strafrechts, München 1914
v. Weber	Rezension des Werkes von Rudolf Schmitt: „Strafrechtliche Maßnahmen gegen Verbände", JZ 1960, S. 548 f.
Welzel	Das deutsche Strafrecht, 7. Auflage, Berlin 1960
Welzel, ZStW	Über die Ehre von Gemeinschaften, ZStW 1957, S. 28 ff.
Zeller	Zivilrechtlicher Ehrenschutz, Freiburger Dissertation 1956
Zimmermann	Über die Beleidigung gegen juristische Personen, GA Band 25, S. 97—103

ABKÜRZUNGSVERZEICHNIS

AktG	Gesetz über Aktiengesellschaften und Kommanditgesellschaften auf Aktien (Aktiengesetz) vom 30. Januar 1937
AO	Reichsabgabeordnung
BayObLG	Bayrisches Oberstes Landesgericht
BGH	Entscheidungen des Bundesgerichtshofes in Strafsachen
BGHZ	Entscheidungen des Bundesgerichtshofes in Zivilsachen
BVerfE	Entscheidungen des Bundesverfassungsgerichts
DJ	Deutsche Justiz
DJZ	Deutsche Juristenzeitung
DR	Deutsches Recht (Fortsetzung der Juristischen Wochenschrift)
DStR	Deutsches Strafrecht
GA	Goltdammers Archiv für Strafrecht und Strafprozeß
GmbHG	Gesetz, betreffend die Gesellschaften mit beschränkter Haftung, vom 20. April 1892
GS	Der Gerichtssaal
HESt	Höchstrichterliche Entscheidungen, Sammlung von Entscheidungen der Oberlandesgerichte in Strafsachen
HRR	Höchstrichterliche Rechtsprechung
JW	Juristische Wochenschrift
JZ	Juristenzeitung
KartG	Gesetz gegen Wettbewerbsbeschränkungen vom 27. Juli 1957
LG	Landgericht
LZ	Leipziger Zeitschrift für Deutsches Recht
MDR	Monatsschrift für Deutsches Recht
NJW	Neue Juristische Wochenschrift
OLG	Oberlandesgericht
RG	Entscheidungen des Reichsgerichts in Strafsachen
RG Rspr	Rechtsprechung des Deutschen Reichsgerichts in Strafsachen
RGZ	Entscheidungen des Reichsgerichts in Zivilsachen

Seuff. Archiv	J. A. Seufferts Archiv für Entscheidungen der obersten Gerichte in den deutschen Staaten, Dritte Folge
SJZ	Süddeutsche Juristenzeitung
SchlHA	Schleswig-Holsteinische Anzeigen, Justizministerialblatt für Schleswig-Holstein
UWG	Gesetz gegen den unlauteren Wettbewerb vom 7. Juni 1909
VDB	Vergleichende Darstellung des Deutschen und Ausländischen Strafrechts, Besonderer Teil
WStrG	Gesetz zur weiteren Vereinfachung des Wirtschaftsstrafrechts (Wirtschaftsstrafgesetz 1954) vom 9. Juli 1954
ZStW	Zeitschrift für die gesamte Strafrechtswissenschaft

VORBEMERKUNG

Der Erste Strafsenat des Bundesgerichtshofs hat in seiner Entscheidung vom 8. Januar 1954[1]) den gegen die Herausgeberin einer anerkannten Tageszeitung — Verlags-Gesellschaft mit beschränkter Haftung — erhobenen Vorwurf politischer Bestechlichkeit als üble Nachrede gewertet und so zum ersten Male einer privaten Kapitalgesellschaft strafrechtlichen Ehrenschutz gewährt. Das Urteil steht einer jahrzehntelangen Rechtsprechung entgegen, in der das Reichsgericht und der Bundesgerichtshof die Ehre als persönliches Attribut des Menschen gekennzeichnet haben[2]). Es widerspricht auch einer verbreiteten Ansicht der älteren und der modernen Rechtslehre, die Personenverbände — insbesondere diejenigen des Handelsrechts — nicht als Träger selbständiger Ehre anerkannt hat[3]).

Das Problem des Ehrenschutzes von Handelsgesellschaften ist somit von neuem aktuell geworden. Das Interesse, mit dem die zur Reform des deutschen Strafrechts berufene Große Strafrechtskommission die Entscheidung aufgenommen hat[4]), beweist dies. Zudem fordert die ständig wachsende Bedeutung handelsrechtlicher Gesellschaften, die in einem hochentwickelten Industriestaat Aufgaben mannigfachster Art erfüllen, für die persönliche und wirtschaftliche Kräfte des einzelnen längst nicht mehr ausreichen, möglichst bald eine klare Lösung dieser Frage.

Angesichts einer solchen Aktualität muß es überraschen, daß eine umfassende Darstellung über den Ehrenschutz handelsrechtlicher Verbände im älteren und im neueren Schrifttum fehlt. Die zahlreichen Veröffentlichungen über die „passive Beleidigungsfähigkeit von Kollektivpersonen" behandeln den Ehrenschutz von Handelsgesellschaften entweder gar nicht oder nur am Rande. Daher ist es nützlich und im gegenwärtigen Zeitpunkt durchaus gerechtfertigt, sich mit den rechtsdogmatischen sowie rechtspolitischen Grün-

---

[1]) BGH 6, S. 186 ff.

[2]) Die passive Beleidigungsfähigkeit von Gemeinschaften wurde zum Beispiel verneint in den Urteilen: RG 4, S. 75 f.; RG 9, S. 1 ff.; RG GA 48, S. 441; RG GA 59, S. 318 f.; RG JW 1912, S. 934; RG LZ 1928, S. 982 f.; RG HRR 1931, Nr. 265; RG HRR 1932, Nr. 1097; BGH NJW 1951, S. 531 = JZ 1951, S. 520 f. = MDR 1951, S 500 f.; eine eigene Ehre von Handelsgesellschaften wurde nicht anerkannt in Entscheidungen wie: RG 1, S. 178 f. = RG Rspr. 1, S. 302 ff.; RGZ 95, S. 339; RGZ DR 1941, S. 2125; RG Seuff. Archiv 95, S. 154; ähnlich schon das Preußische Obertribunal, GA 23, S. 493 ff.

[3]) Vgl. zum Beispiel: Dochow, S. 339; v. Bar GS 52, S. 189; Binding, S. 139 f.; Wachenfeld, S. 354 f.; Kleinknecht-Müller-Reitberger, § 374 Anm. 3 a, bb; Schrader, S. 29, 48 f.

[4]) Vgl. unten, Anhang.

den für und wider den Ehrenschutz handelsrechtlicher Verbände eingehend auseinanderzusetzen. Denn die Entscheidung des Bundesgerichtshofs bedeutet „zwar eine entscheidende Wendung der Rechtsprechung, aber keinen Abschluß in der Entwicklung dieses Problems, vielmehr einen neuen Anfang, der manche Frage noch offenläßt"[5]).

Die folgende Abhandlung beschränkt sich nicht darauf, die bisher geäußerten Ansichten zu dieser Frage zu schildern, sie soll vielmehr neue Anregungen geben und auf Gesichtspunkte hinweisen, die bei der Diskussion zu diesem Thema noch nicht berücksichtigt worden sind.

---

[5]) Bruns, NJW 1955, S. 693.

I. TEIL

DOGMATISCHE ERÖRTERUNGEN

§ 1
Vermeintliche Hinweise im geltenden materiellen und prozessualen Strafrecht

Das geltende Strafgesetzbuch enthält bekanntlich keine Bestimmung, die Personengemeinschaften — speziell Handelsgesellschaften[6]) — gegen beleidigende Äußerungen ausdrücklich schützt, aber auch keine Vorschrift, die ihnen den Ehrenschutz ausdrücklich versagt. Rechtsprechung und Rechtslehre haben daher ständig versucht, Normen des materiellen und des prozessualen Strafrechts anzugeben, aus deren Entstehungsgeschichte, Wortlaut und Zweck mittelbar eine Entscheidung des Gesetzes im positiven oder negativen Sinne zu entnehmen sei. Allein ohne Erfolg.

Die in § 131[7]) unter Strafe gestellte sogenannte Staatsverleumdung enthält Hinweise weder für noch gegen die Ehrfähigkeit von Personenverbänden; denn hier wird nicht die Ehre[8]), sondern die Autorität des Staates[9]), die öffentliche Ordnung[10]) geschützt.

Ebensowenig beantwortet § 166, zweite Alternative, die Frage, wer beleidigt werden kann, weil es sich hier nicht um Angriffe auf die Ehre der

---

[6]) Wenn in dieser Abhandlung von Handelsgesellschaften die Rede sein wird, so sind damit in erster Linie die echten Handelsgesellschaften gemeint: die Offene Handelsgesellschaft, die Kommanditgesellschaft, die Aktiengesellschaft, die Kommanditgesellschaft auf Aktien und die Gesellschaft mit beschränkter Haftung. Die Genossenschaften und die Versicherungsvereine auf Gegenseitigkeit, die nicht zu den eigentlichen Handelsgesellschaften gehören, sind diesen durch Sondergesetze gleichgestellt, vgl. Lehmann, S. 6; auf sie sind die Ausführungen daher entsprechend anzuwenden. Das gilt aber nicht für die stille Gesellschaft, die als solche überhaupt nicht in Erscheinung tritt und als typische Innengesellschaft nicht zu den handelsrechtlichen Verbänden zählt, vgl. Lehmann, S. 162.

[7]) Die ohne Angabe des Gesetzes zitierten Paragraphen sind diejenigen des geltenden Strafgesetzbuches.

[8]) So aber Lippold, S. 45; Dohna, Graf zu, DJZ 1925, S. 1028; Schlosky, DStR 1941, S. 85.

[9]) Zum Beispiel v. Liszt-Schmidt, S. 809; Kohlrausch-Lange, § 131 Anm. I; Schönke-Schröder, § 131 Anm. I.

[10]) Vgl. Bickert, S. 39.

christlichen Kirchen oder anderer Religionsgesellschaften handelt[11]); Schutzobjekt sind der Religionsfriede[12]) und das religiöse Gefühl der Gläubigen[13]).

Auch der Wortlaut der §§ 186, 187 „... in Beziehung auf einen anderen ..." läßt nicht darauf schließen, daß der Ehrenschutz nach geltendem Strafrecht für Personenmehrheiten nicht gelte; denn unter „einem anderen" muß nicht notwendig eine natürliche Person verstanden werden. Es ist ein feststehender Satz der heutigen Wissenschaft und Praxis, den die Entstehungsgeschichte des § 187 bestätigt[14]), daß eine strafbare Kreditgefährdung trotz des vom Gesetzgeber gewählten Wortlauts auch zum Nachteil von Personenverbänden, namentlich von Handelsgesellschaften, möglich ist. Die Strafbarkeit einer Kreditgefährdung gegenüber Handelsgesellschaften besagt indessen nichts über deren Ehrenschutz; denn Kreditgefährdung und Beleidigung haben verschiedene Angriffsobjekte[15]).

Da aus § 189 nicht klar hervorgeht, daß die Familienehre geschützt werden soll, darf auch diese Vorschrift nicht zum Beweis dafür angeführt werden, daß das Gesetz selbst den Ehrenschutz von Gesamtheiten — hier der Familie — vorsehe. Angriffsobjekt dieser Strafnorm ist weder die Ehre der Familie[16]) noch die der einzelnen Familienmitglieder[17]) noch die Ehre des Verstorbenen[18]), sondern ausschließlich „das Pietätsgefühl der nächsten Angehörigen und der Allgemeinheit"[19]).

Die meisten und — angeblich — stichhaltigsten Argumente für und wider den Ehrenschutz von Personengemeinschaften haben Rechtsprechung und Rechtslehre den §§ 196, 197 entnommen. Dem ist aber mit Recht — wenn auch nicht immer mit zutreffender Begründung — entgegengehalten worden, daß das Gesetz in den zitierten Vorschriften eine ganz andere Frage regelt.

Das Schrifttum hat zum Teil behauptet, es handele sich um bloß verfahrensrechtliche Bestimmungen, die verdeutlichen sollten, wer den Straf-

---

[11]) So entscheiden aber: Dohna, Graf zu, DJZ 1925, S. 1028; Lippold, S. 45; Schlosky, DStR 1941, S. 85.

[12]) Vgl. zum Beispiel Frank, § 166 Anm. II; Welzel, S. 384; Maurach II, S. 346.

[13]) Vgl. zum Beispiel RG 16, S. 245 ff. (248); RG 64, S. 121 ff. (125); v. Hippel, S. 363.

[14]) Vgl. die Ausführungen des Abgeordneten Dr. Meyer, Stenographische Berichte, 1870, zweiter Band, S. 651 und die Ausführungen des Abgeordneten Dr. Schwarze, Stenographische Berichte, 1870, zweiter Band, S. 1176.

[15]) Vgl. unten § 7 I 1.

[16]) So indes: v. Liszt-Schmidt, S. 507; Kohlrausch-Lange, § 189 Anm. I; nach Frank, § 189 Anm. I; Schönke-Schröder, § 189 Anm. I und Maurach II, S. 134 ist dem Delikt eine doppelte Angriffsrichtung zuzusprechen: geschützt werden hiernach das Pietätsgefühl und die Ehre der Familie.

[17]) Diese Ansicht vertritt aber Bless, S. 54.

[18]) v. Olshausen, Vorbem. 1 b vor § 185 und Welzel, S. 271 gewähren auch der Ehre des Toten strafrechtlichen Schutz.

[19]) Schaefer LK II, § 189 Anm. I; ähnlich schon Bruhns, GS 27, S. 483, der auf die Motive, S. 97 ff. verweist. Ebenso Binding, S. 188; Niethammer, S. 192; Dreher-Maassen, § 189 Anm. 1.

antrag stellen oder die Ermächtigung erteilen dürfe[20]). Das geltende Strafgesetzbuch enthält zwar einige Vorschriften prozessualer Natur[21]); man ginge indessen fehl, wollte man den eigentlichen Zweck der §§ 196, 197 darin sehen, daß hier nur das Strafantragsrecht, also ein Stück der Strafverfolgung, geregelt sei. Wenn das richtig wäre, hätte der Gesetzgeber die Behörde im § 196 gar nicht zu erwähnen brauchen. „Da der amtlich Vorgesetzte der Beamten den Strafantrag hat, so wäre es ja eine reine Tautologie den Strafantrag noch einmal dem Vorgesetzten der unter dem Namen Behörde zusammengefaßten Beamten zu geben"[22]).

Die §§ 196, 197 sind mithin nicht nur ihrer Stellung im Gesetz, sondern auch ihrer inhaltlichen Bedeutung nach Normen des materiellen Strafrechts. Der hier mit Strafe bedrohte Angriff richtet sich jedoch nicht gegen die Ehre oder ein ihr vergleichbares Rechtsgut, sondern gegen die staatliche Autorität und das Ansehen der Behörden und politischen Körperschaften[23]). Der Gesetzgeber war nicht gut beraten, als er die Bestimmungen in den Vierzehnten Abschnitt des Strafgesetzbuchs aufnahm; er hätte besser daran getan, sie „an geeigneter Stelle einzuschalten, § 197 etwa hinter § 106, § 196 hinter § 132"[24]).

Als Vorschriften über den Staatsschutz sagen die §§ 196, 197 zu der Frage, wer beleidigt werden kann, nichts aus: sie schaffen weder eine Ausnahme von dem Grundsatz, daß nur physische Personen Ehre besitzen[25]), noch setzen sie den Ehrenschutz der bezeichneten Körperschaften — und

---

20) Diesen Standpunkt vertreten vornehmlich die älteren Autoren, zum Beispiel Stenglein, GS 42, S. 86; Rosenfeld, S. 102; van Calker, DJZ 1902, S. 278; v. Niesewand, S. 22.

21) Zum Beispiel diejenigen über Antrag und Verjährung; vgl. Kohlrausch-Lange, § 61 Anm. II und § 67 Anm. I.

22) Bolze, GA 26, S. 17; ähnlich auch RG 4, S. 75 f. (76).

23) Vgl. RG 19, S. 23 ff. (24) und RG 47, S. 63 ff. (64); danach wird zumindest auch das Ansehen des Staates geschützt.

Wie hier entscheiden: Goltdammer, GA 16, S. 844; Binding, S. 135, 140; Binding, Ehre, S. 8, 9; Ambach, S. 48; Kratz, S. 26; Maurach II, S. 120; Schrader, S. 19; zweifelnd der Bundesgerichtshof in dem erwähnten Ausgangsurteil, S. 187.

24) Kratz, S. 26.

25) Diese Ansicht hat aber das Reichsgericht bis zum Jahre 1936 in ständiger Rechtsprechung vertreten; vgl. RG 1, S. 178 f. (179); RG 3, S. 246 ff. (247); RG 68, S. 120 ff. (123); RG GA 48, S. 441; RG GA 59, S. 318 f.; RG HRR 1932, Nr. 1097; ebenso: BayObLG JW 1928, S. 2994 f.; OLG Dresden JW 1932, S. 966 f.; LG Lübeck SchlHA 1950, S. 304; im Schrifttum zum Beispiel Liepmann, VDB IV, S. 354; Bickert, S. 50 f.; Bless, S. 64.

Gegen diese Ansicht mit treffenden Argumenten schon Stenglein GS 42, S. 86, der es für völlig unbegreiflich hält, „daß die positive Gesetzgebung ausnahmsweise Körperschaften (für) beleidigungsfähig erklären könne, wenn sich dieselben ihrer inneren Natur und in Ermangelung persönlicher Ehre der Möglichkeit einer Beleidigung entziehen würden. Gegen die Natur der Dinge könnte auch das Gesetz nicht ankämpfen; die Ausnahme würde sich in das System in keiner Weise einfügen lassen".

damit die passive Beleidigungsfähigkeit gewisser Personenmehrheiten — voraus[26]).

Auch aus § 374 Absatz III StPO darf nicht gefolgert werden, der Gesetzgeber habe Körperschaften, Gesellschaften und andere Personenvereine, die als solche in bürgerlichen Rechtsstreitigkeiten klagen können, gegen ehrverletzende Äußerungen schützen wollen. § 374 Absatz III StPO hat „keinerlei materiellrechtliche Bedeutung“[27]). Da die alte Fassung dieser Vorschrift (vgl. § 414 Absatz III StPO alter Fassung) nur Beleidigung und Körperverletzung als Privatklagedelikte kannte, die Körperverletzung sich aber nur gegen natürliche Personen richten kann, so lag in der Tat der Schluß nahe, der Gesetzgeber habe die Bestimmung für die Personenverbände nur aus der Erwägung heraus geschaffen, daß sie beleidigt werden und damit sie wegen Beleidigung als Verletzte die Privatklage erheben könnten. Allein diese Auffassung läßt folgendes außer acht: auch solange die Körperverletzung und die Vergehen gemäß §§ 185, 186, 187, 189 die einzigen Privatklagedelikte waren, mußte die Sachlegitimation den Personenverbänden wenigstens für die Kreditgefährdung[28]) gegeben werden. Es ist daher keineswegs sicher, daß die Strafprozeßordnung zumindest in ihrer ursprünglichen Fassung von der passiven Beleidigungsfähigkeit bestimmter Personenverbände ausgegangen ist[29]); der heutige Wortlaut des § 374 Absatz III StPO rechtfertigt eine derartige Behauptung überhaupt nicht mehr. Denn heute gibt es eine Fülle von Antragsdelikten, die — so etwa Hausfriedensbruch und Sachbeschädigung — ohne allen Zweifel auch gegen Personenverbände aller Art gerichtet sein können.

Zusammenfassend darf somit festgestellt werden, daß im derzeit geltenden materiellen und prozessualen Strafrecht eine Vorschrift fehlt, die den Ehrenschutz von Personengemeinschaften ausdrücklich oder stillschweigend regelt. Ob Kollektivpersonen — speziell die Gesellschaften des Handelsrechts — als solche beleidigt werden können oder nicht, vermag allein eine sinnvolle, den Bedürfnissen und Rechtsfragen unserer Zeit entsprechende Interpretation der §§ 185—187 zu ergeben.

§ 2
Der strafrechtliche Ehrbegriff

In den §§ 185 bis 187 stellt das Gesetz alle gegenüber „einem anderen“ rechtswidrig und schuldhaft begangenen Beleidigungen unter Strafe. Mithin darf jeder, der beleidigt werden kann, den Schutz dieser Strafnormen be-

---

[26]) So entscheiden aber zum Beispiel der Bundesgerichtshof im Ausgangsurteil, S. 187; Merkel, Adolf, S. 290; Gerland, S. 492; Schlosky DStR 1941, S. 85; Kohlrausch-Lange, Vorbem. III vor § 185; Schaefer LK II Vorbem. II 1 vor § 185.

[27]) Eberhard Schmidt, § 374 Erl. 16.

[28]) Strafbare Kreditgefährdung ist allgemeiner Ansicht nach auch gegenüber Handelsgesellschaften möglich, vgl. oben § 1.

[29]) Kern, S. 306 zieht diesen Schluß zu Unrecht.

anspruchen. Wer die Probleme der passiven Beleidigungsfähigkeit richtig lösen will, muß zunächst Klarheit darüber gewinnen, was im Vierzehnten Abschnitt des Strafgesetzbuchs unter Beleidigung zu verstehen ist.

Der Gesetzgeber hat diesen Begriff absichtlich nicht bestimmt, sondern der Praxis und wissenschaftlichen Forschung aufgetragen, ihn näher zu umreißen. Nahezu übereinstimmend haben Rechtsprechung und Rechtslehre erkannt, daß die Ehre das gegen Beleidigungen geschützte Rechtsgut ist[30]). Die Ansichten über Wesen und Inhalt dieser „Ehre im Sinne des Strafrechts" gehen indessen weit auseinander[31]).

I. Zum Teil hat man im Ehrbewußtsein, Ehrgefühl und Ehrwillen das eigentliche Wesensmerkmal der Ehre gesehen und damit die Vorstellungen des Ehrenträgers selbst einseitig in den Vordergrund gerückt[32]).

Andere Autoren behaupten, Ehre sei allein die Wertschätzung von seiten anderer, die äußere Geltung und der gute Ruf bei den Mitmenschen[33]).

Die heute noch herrschende Meinung betont demgegenüber zu Recht, daß eine Definition, die entweder nur das subjektive Ehrempfinden des Verletzten oder lediglich die Achtung der Umwelt als Angriffsobjekt der Beleidigung berücksichtigt, nicht umfassend genug ist. Nach ganz überwiegender Ansicht sind daher sowohl das eigene Ehrbewußtsein als auch der gute Ruf durch das Gesetz geschützt: dieser durch §§ 186, 187, jenes durch § 185[34]).

Gleichwohl ist diese „heute noch übliche Verlagerung der Ehre bald in das Ehrgefühl, bald in den Ruf nicht vertretbar"[35]). Wenn Ehrbewußtsein oder Ehrwille schutzwürdiges Rechtsgut wären, so würden Ehrsüchtige und Überempfindliche bisweilen grundlos geschützt[36]); umgekehrt wären über-

---

[30]) Abweichend erachten Eckstein, S. 14 ff. und Bruhns GS 27, S. 499 f. in der idealen Persönlichkeit das geschützte Rechtsgut. Nach Meinung einzelner Autoren ist der öffentliche Friede das Angriffsobjekt, vgl. zum Beispiel Bassenge, S. 27. Im englischen Recht wird die Beleidigung allgemein unter dem Gesichtspunkt der Friedensstörung beurteilt, vgl. dazu die Ausführungen von Gallas, Niederschriften Band 9, S. 24.

[31]) Allgemein einig ist man sich jedoch darüber, daß die Ehre ein Spiegelbild der gesamten rechtlichen, sozialen, kulturellen und politischen Verhältnisse einer Zeit und eines Volkes ist; vgl.. statt vieler v. Olshausen, Vorbem. 1 a vor § 185 und Welzel ZStW 57, S. 28 f. Der Weg einer historischen Behandlung ist daher zur Erläuterung des Ehrbegriffs nicht geeignet; interessante historische und rechtsvergleichende Hinweise geben v. Liszt-Schmidt, S. 504—506.

[32]) Vgl. zum Beispiel Eckstein, S. 47.

[33]) Vgl. zum Beispiel Dochow, S. 337; Rosenfeld, S. 101; Merkel, Adolf, S. 287; Bless, S. 9; Bickert, S. 15.

[34]) Vgl. aus dem Schrifttum zum Beispiel Liepmann, VDB IV, S. 230; Eisler, S. 105; Jungbluth, S. 5; Frank, § 185 Anm. I und § 186 Anm. I; v. Olshausen, Vorbem. 1 a vor § 185, S. 810; Dohna, Graf zu, DStR 1941, S. 35; Kohlrausch-Lange, Vorbem. II vor § 185 und § 186 Anm. XI; v. Liszt-Schmidt, S. 506; ebenso der Bundesgerichtshof in BGH 11, S. 67 ff. (70, 71) = NJW 1958, S. 228.

[35]) Schaefer LK II, Vorbem. I 1 vor § 185.

[36]) Vgl. Kratz, S. 16 f.; Sauer, Ehre, S. 60.

mäßig Bescheidene oder Abgestumpfte allzuoft straflosen Beleidigungen ausgesetzt[37]). Zudem kann das Bewußtsein eigener Ehre überhaupt fehlen, so bei Kindern und Geisteskranken[38]). Das Urteil des einzelnen über den eigenen Wert oder Unwert darf mithin nicht der Maßstab dafür sein, ob der Täter gemäß § 185 zu bestrafen ist[39]).

Der herrschenden Lehre ist auch insoweit zu widersprechen, als sie in §§ 186, 187 äußere Wertgeltung und Ansehen schützen will. Der einzelne genießt nicht selten einen schlechteren oder besseren Ruf, als er in Wirklichkeit verdient; damit ändert sich jedoch nicht das Maß der Ehre, das ihm gebührt[40]). Wäre die — von mancherlei Zufälligkeiten abhängige — öffentliche Meinung das geschützte Rechtsgut, so würde kaum zu erklären sein, warum das Gesetz den Wahrheitsbeweis zuläßt[41]). Auch die Ansicht, daß äußeres Ansehen nur geschützt werden dürfe, soweit es dem wahren Wert entspricht[42]), befriedigt nicht. Denn in modernen Großstadtverhältnissen ist es keine Seltenheit mehr, daß jemand weder Ansehen noch Ruf genießt, da er in der Masse völlig untertaucht. Daß aber auch diesem Namenlosen Ehrenschutz gebührt, sollte nicht zweifelhaft sein[43]).

Die Ehre im strafrechtlichen Sinne ist mithin, wie Welzel richtig bemerkt[44]), „kein faktischer Begriff". Sie wurzelt weder im tatsächlichen Urteil der Mitmenschen noch im Urteil des einzelnen über sich selbst.

Sie darf indessen auch nicht dem wahren inneren Wert des einzelnen oder einer Gemeinschaft gleichgesetzt werden. Wo ein innerer Wert besteht, dort kann er nicht durch fremde Hand angetastet oder verletzt werden[45]). Wäre die „innere Ehre" das geschützte Rechtsgut, so würde sich die Beleidigung ausschließlich gegen die Täterehre richten; denn der Täter selbst kann durch unsittliches Handeln seinen inneren Wert — und damit seine „innere Ehre" — schmälern. Alsdann könnte man die Täterehre als Rechts-

---

[37]) Vgl. Sauer, Ehre, S. 61.

[38]) In der Tat verneinen v. Buri, S. 7, v. Bar GS 52, S. 182 und Wachenfeld, S. 353 in diesen Fällen eine Beleidigung, da nach ihrer Ansicht nur beleidigt ist, wer sich verletzt fühlt. Ebenso LG Lübeck, SchlHA 1950, S. 304. Gegen diese Ansicht haben sich schon Dochow, S. 338, v. Niesewand, S. 11 und neuestens auch Bockelmann, Niederschriften Band 9, S. 482 ausgesprochen.

[39]) So entscheiden zum Beispiel auch — neben Kratz, S. 16 f. und Sauer, Ehre, S. 60 — Binding, S. 138, Hurwicz, ZStW 31, S. 874; Bickert, S. 10 und Schaefer LK II, Vorbem. I 1 vor § 185.

[40]) Vgl. Sauer, Ehre, S. 42.

[41]) Dies übersehen zum Beispiel Dochow, S. 337 und Wachenfeld, S. 352.

[42]) So zum Beispiel Kratz, S. 18.

[43]) Vgl. Sauer, Ehre, S. 43.

[44]) Welzel, S. 264.

[45]) So zum Beispiel schon v. Buri, S. 2, Hälschner, S. 163, v. Bülow, GS 46, S. 265 und Wachenfeld, S. 352; im modernen Schrifttum zum Beispiel Schönke-Schröder Vorbem. I vor § 185 und Schröder GS 110, S. 88.

gut aller Delikte bezeichnen[46]). Das kann indessen nicht der Sinn des Gesetzes sein.

Die Ehre als Angriffsobjekt der Beleidigungsdelikte ist mithin weder eine subjektive Vorstellung noch ein objektiv meßbarer Wert, vielmehr ein berechtigter Anspruch auf Achtung[47]). Dabei ist allerdings zu bemerken, daß das Wort Anspruch in diesem Zusammenhang nicht in seiner zivilrechtlichen Bedeutung als subjektives Privatrecht zu verstehen ist[48]), sondern als ein rechtlich geschütztes Interesse; dieses kann unabhängig von der formalen Rechtsfähigkeit dessen bestehen, der es geltend macht[49]). Ferner bleibt zu beachten, daß der Anspruch niemals auf positive Anerkennung[50]), sondern stets nur darauf gerichtet ist, daß andere keine unverdiente Mißachtung oder Geringschätzung kundtun[51]).

Wer die strafrechtlich geschützte Ehre als Anspruch auf Achtung definiert, vermag die Beleidigungsdelikte einheitlich zu behandelt. Die sogenannte Aliudtheorie[52]), die die Tatbestände in Ehrenkränkung (§ 185) und Rufgefährdung (§§ 186, 187) zergliedert, sprengt dagegen den einheitlichen Rahmen dieser Vergehen; sie unterscheidet nach den Angriffsobjekten und der Deliktart: nur die Ehrenkränkung behandelt sie als Verletzungsdelikt, die Rufgefährdung dagegen als Gefährdungsdelikt[53]). Beleidigung, üble Nachrede und Verleumdung sind jedoch vom Gesetzgeber ausnahmslos als Verletzungstatbestände konstruiert[54]) und stehen wegen ihrer einheitlichen Schutzrichtung nicht als selbständige Tatbestände nebeneinander[55]); vielmehr

---

46) Ganz ähnlich äußert sich Binding, Ehre, S. 14.

47) Vgl. BGH 1, S. 288 ff. (289); zustimmend Dreher-Maassen, § 185 Anm. 2. Diese Ansicht vertreten im Schrifttum auch Schütze, S. 349, 354; Kratz, S. 18; Hurwicz ZStW 31, S. 876; Zeller, S. 7; Welzel, S. 264; Stepperger, S. 4 f.

Zu diesem Ergebnis kommen weiterhin diejenigen Autoren, die den Anspruch oder das Recht auf Achtung als Folge der Ehre, nicht als die Ehre selbst, bezeichnen: so zum Beispiel v. Buri, S. 23; Köstlin, S. 15; Binding, S. 135 und Binding, Ehre, S. 24; Schürhoff, S. 15; Schaefer LK II, Vorbem. I 2 vor § 185; Sauer, S. 349; Niethammer, S. 192.

48) Dies betonen auch Sauer, S. 349 und Zeller, S. 7 Anm. 33.

49) Anderer Meinung v. Buri, S. 2, 9, der das Recht auf Ehre im rein zivilrechtlichen Sinne deutet, und Kohler GA 47, S. 141.

50) Wer die üblichen Achtungsbeweise versagt, beleidigt nicht; das verkennt Wachenfeld, S. 354.

51) Vgl. v. Bülow GS 46, S. 269; Binding, Ehre, S. 22; van Calker, DJZ 1902, S. 277.

52) Vgl. oben, § 2 I.

53) Darauf weist Schaefer LK II, Vorbem. I 1 vor § 185 zu Recht hin.

54) Vgl. die Ausführungen von Gallas, Niederschriften Band 9, S. 24.

55) Dies behaupten — von ihrem verfehlten Ausgangspunkt aus aber nur konsequent — die Vertreter der Aliudtheorie; vgl. zum Beispiel Frank, § 186 Anm. I; Kohlrausch-Lange, § 186 Anm. XI; Schönke-Schröder, § 186 Anm. VII; Kern, S. 307.

ist § 185 die Grundnorm, die in den §§ 186, 187 qualifiziert wird[56]). Den gleichartigen Charakter dieser Vergehen lassen auch die Vorschriften der §§ 194, 196, 197, 198, 199, 200 und § 374 StPO erkennen, die auf alle drei Delikte ohne Unterschied anzuwenden sind.

II. Ehre im strafrechtlichen Sinne als Anspruch auf Achtung besteht nur dort, wo sie auf Werte gegründet ist.

Ausgehend vom christlich-sittlichen Ehrbegriff Kants hat Binding die Ehre als Ausdruck desjenigen Wertes betrachtet, den die sittliche Würde dem Menschen verleiht[57]). Diese den Liberalismus älterer Prägung kennzeichnende Lehre[58]) erkennt richtig, daß die Ehre des Menschen in hohem Maße auf ethischen Qualitäten beruht. Insoweit setzt sie jedoch Recht und Moral gleich und engt damit den Ehrbegriff über Gebühr ein. Denn nicht nur derjenige Täter beleidigt, welcher einem anderen sittliche Eigenschaften abspricht, sondern auch jener, der den sozialen Wert eines anderen — etwa dessen Leistungen oder geistige Fähigkeiten — bestreitet.

Die Grundlage für den Anspruch auf Achtung kann daher sowohl im sittlichen als auch im sozialen Bereich gefunden werden[59]).

§ 3
Die Handelsgesellschaften als Träger eigener Ehre

Träger strafrechtlich geschützter Ehre kann eine Handelsgesellschaft nur sein, wenn sie — neben ihren einzelnen Mitgliedern — als Gesamtheit fähig ist, kraft der ihr eigentümlichen Aufgaben und Leistungen sittliche oder soziale Werte zu schaffen: eine Gesellschaft muß einen selbständigen, über die Person ihrer Mitglieder hinausgreifenden und von ihr unabhängigen

---

[56]) Die ständige Rechtsprechung vertritt Gesetzkonkurrenz als Regel; vgl. zum Beispiel RG 41, S. 277 ff. (286); RG 64, S. 10 ff. (12); RG 65, S. 358 f. (359); BGH 6, S. 159 ff. (161).

Dieselbe Ansicht vertreten im Schrifttum zum Beispiel Dochow, S. 348; Hälschner, S. 190; Meyer-Allfeld, S. 369; Schierloh, S. 16; Schaefer LK II Vorbem. V vor § 185; Welzel, S. 267; Dalcke-Schäfer, § 186 Anm. 1.

Der Entwurf 1960 regelt in § 175 die Kundgabe von Mißachtung als Grundtatbestand, der durch die üble Nachrede gemäß § 173 und die Verleumdung gemäß § 174 qualifiziert wird.

[57]) Vgl. Binding, S. 136; ebenso Kohler GA 47, S. 1, 29; Hälschner, S. 157 ff.; Bruhns GS 27, S. 490; v. Bülow GS 46, S. 268; eine Beschränkung des Ehrenschutzes auf die sittlichen Werte fordern neuestens auch: Müller NJW 1947/48, S. 349 und Hoffmann, S. 73—78 (besonders Seite 74).

[58]) Vgl. Bertelsen, S. 23. Vgl. auch BGH 6, S. 186 ff. (189), der die Ansicht Bindings als „zu individualistisch" bezeichnet.

[59]) So die ganz herrschende Ansicht; vgl. aus der Rechtsprechung zum Beispiel RG GA 46, S. 204 f. (205); RG DR 1943, S. 189 f.; vgl. aus dem Schrifttum statt vieler:

Kratz, S. 31; Frank, Bem. I vor § 185; Schönke-Schröder, § 185 Anm. II 1; Kohlrausch-Lange, Vorbem. II vor § 185; Schwarz, § 185 Anm. 1 B; Schrader, S. 47; Dalcke-Schäfer, § 185 Anm. 1 a.

Eigenwert besitzen. Um den Anspruch auf Achtung erheben zu können, muß sie selbst „Persönlichkeit" sein[60]). Denn das „Stadium der Ehrfähigkeit ist überall dort erreicht, wo der Übergang von der Vielheit zur Einheit gefunden und erkennbar geworden ist und wo die Ganzheit als solche im Leben achtbare Leistungen vollbringt[61]).

I. Auch in neuerer Zeit ist die Ansicht geäußert worden, daß nur der einzelne Mensch, aber nicht irgendwelche Gemeinschaften Persönlichkeit im Rechtssinne sein könnten; eine Gemeinschaftsehre bestehe schon deshalb nicht weil das Recht neben der Einzelpersönlichkeit eine Gesamtpersönlichkeit nicht anerkenne[62]). Diese Lehre verwechselt indessen die Begriffe Person und Persönlichkeit: nicht auf die Rechtsperson im formaljuristischen Sinne, sondern allein auf die „Persönlichkeits-Qualität" der Gemeinschaft kommt es an[63]). Eine Gesamtpersönlichkeit muß nicht unbedingt Rechtsperson sein.

Zu Unrecht hat man die Auffassung, die — wenn auch in engen Grenzen — eine Gesamtpersönlichkeit und folglich eine Gemeinschaftsehre anerkannt hat[64]), als „Ausfluß nationalsozialistischen Denkens" abgelehnt[65]). Dabei wurde übersehen, daß die Lehre vom Ehrenschutz der Gemeinschaften im deutschen Strafrecht keineswegs neu ist; sie war schon dem gemeinen Recht bekannt[66]). Zu Unrecht hat man sich ferner auf Artikel 1 GG berufen, in dem die Verfassung — angeblich — allein die Menschenwürde als Grundlage der Ehre kennzeichne[67]). Mag auch unser heutiges Rechtsempfinden den Wert und die Würde der Einzelpersönlichkeit in besonders hohem Maße anerkennen, so läßt sich damit sehr wohl der Gedanke verbinden, daß

---

[60]) Vgl. zum Beispiel RG 68, S. 120 ff. (123), wo das Reichsgericht die Ehre als „eine Eigenschaft der Persönlichkeit" wertet; ähnlich BayObLG JW 1928, S. 2994 f.

[61]) Stepperger, S. 38; ähnlich Gierke, Otto, S. 22; Stenglein GS 42, S. 83 f.

[62]) Vgl. zum Beispiel v. Mangoldt-Klein, Art. 2 Anm. III 9.

[63]) Maurach II, S. 120; vgl. auch die Ausführungen von Hurwicz ZStW 31, S. 878 Anm. 31.

[64]) In diesem Sinne hat auch das Reichsgericht seit der Entscheidung RG 70, S. 140 f. geurteilt.

[65]) Vgl. zum Beispiel OLG Neustadt HESt Band 2, S. 270 ff. (275); LG Lübeck SchlHA 1950, S. 304; Müller NJW 1947/48, S. 349; Mühlmann-Bommel, § 185 Anm. 1.

[66]) Vgl. zum Beispiel die Constitutio Criminalis Theresiana aus dem Jahre 1768, deren Art. 100, § 4 Ziffer 2 und Art. 101, § 7 den Gerichtsstellen, Ämtern, Handwerkszünften und löblichen Versammlungen strafrechtlichen Ehrenschutz gewährt. Das Preußische Allgemeine Landrecht aus dem Jahre 1794 schützt in Teil II Titel 20, § 564 die Gemeinden, Korporationen und Familien gegen ehrverletzende Angriffe. Der Bayrische Entwurf von 1822 schützt in Art. 321 Familien, Stände und Bevölkerungsklassen. Vgl. aus der gemeinrechtlichen Literatur statt vieler: Henke, S. 247: „Daß nicht bloß physische, sondern auch juristische Personen Gegenstand einer Schmähung oder Verleumdung sein können, bedarf nur erwähnt zu werden."

[67]) Vgl. das Urteil des Vierten Strafsenats des Bundesgerichtshofs, abgedruckt in: NJW 1951, S. 531 f.

auch eine Gemeinschaft Persönlichkeit sein und daher Schutz beanspruchen kann[68]). Der Erste Strafsenat des Bundesgerichtshofs[69]) hat mit Recht darauf hingewiesen, daß das Grundgesetz nicht nur den einzelnen, sondern auch Gemeinschaften und Verbände des privaten und öffentlichen Lebens sichert und fördert. Das Bundesverfassungsgericht[70]) hat im Zusammenhang mit Art. 19 Absatz III GG ausgesprochen, „daß nicht nur — wie es dem Ursprung der Grundrechte an sich entspräche — natürliche Personen grundrechtsfähig sind ...“, sondern auch juristische Personen des Privatrechts, ja sogar Personengruppen, denen die allgemeine Rechtsfähigkeit fehlt[71]). Da gemäß Art. 19 Absatz III GG bestimmten Personenmehrheiten auch das Grundrecht aus Art. 2 Absatz I GG zugebilligt worden ist[72]), so kann nicht zweifelhaft sein, daß es echte Gesamtpersönlichkeiten gibt.

Wenn das Recht aber neben der Einzelpersönlichkeit auch die Gesamtpersönlichkeit anerkennt, dann ist es vernünftig und billig, ihr auch den Anspruch auf Achtung, der jeder Persönlichkeit zusteht, zu gewähren.

II. Das entscheidende Kriterium dafür, ob eine Handelsgesellschaft Gesamtpersönlichkeit und somit Träger eigener Ehre ist, hat das ältere Schrifttum häufig in der Rechtsform gesucht[73]). Demzufolge wären die Fragen des strafrechtlichen Ehrenschutzes für die rechtsfähigen Gesellschaften — Aktiengesellschaften, Kommanditgesellschaften auf Aktien und Gesellschaften mit beschränkter Haftung — einerseits und die nichtrechtsfähigen Gesellschaften — Offene Handelsgesellschaften und Kommanditgesellschaften — andererseits unterschiedlich zu beantworten.

Passiv beleidigungsfähig wären danach nur „juristische Personen; dagegen nicht etwa ein Verein ohne Persönlichkeitsrechte, denn nur, wo eine vom Recht anerkannte Persönlichkeit ist, kann von Persönlichkeitsrechten und daher auch von dem Rechte der Ehre die Rede sein[74]). Auch diese Ansicht beruht auf der Verwechslung der Begriffe Person und Persönlichkeit[75]).

Sowohl diejenigen Autoren, welche die Beleidigung von Gesamtheiten schlechthin für unmöglich erachten, als auch jene, die eine Verbandsehre

---

[68]) Darauf hat schon Mezger JZ 1951, S. 521 f. (522) hingewiesen; ebenso Welzel MDR 1951, S. 501 ff. (503) der die Frage stellt, ob „das Pendel vom Kollektivismus lediglich zum Individualismus zurückschwingen“ könne.

[69]) Vgl. BGH, Ausgangsurteil, S. 190; vgl. auch Art. 6, 9, 19 Absatz III GG.

[70]) Vgl. BVerfGE 3, S. 383 ff. (391).

[71]) Vgl. auch BVerfGE 4, S. 7 ff. (besonders Seite 12); zustimmend zum Beispiel Maunz-Dürig, Art. 19 Absatz III Erl. 55.

[72]) Vgl. zum Beispiel Hamann, S. 80; Maunz-Dürig, Art. 2 Absatz I Erl. 68. BVerfGE 4, S. 7 ff. (16) läßt die Frage offen; v. Mangoldt-Klein, Art. 2 Anm. III 9 verneinen.

[73]) Vgl. zum Beispiel Köstlin, S. 24; Kohler GA 47, S. 141; Meyer-Allfeld, S. 369; Schürhoff, S. 13 f.; Gerland, S. 492, anders aber Gerland GS 110, S. 20. Hier ist der Einfluß des römischen Rechts unverkennbar, das die actio iniuriam nur rechtsfähigen Personen zuerkannte.

[74]) Kohler GA 47, S. 141.

[75]) Vgl. oben, § 3 I.

anerkennen, messen daher der Rechtsform für die Probleme des Ehrenschutzes zumeist keine materiellrechtliche[76]) Bedeutung bei[77]). Die Rechtsfähigkeit von Vereinen oder Gesellschaften ist eine für das Zivilrecht erhebliche Tatsache. Die strafrechtliche Betrachtungsweise geht bei der Lösung der Frage, ob ein handelsrechtlicher Verband Träger eigener Ehre sein kann, von der soziologischen Wirklichkeit aller Handelsgesellschaften aus. Die Lehre von der Beleidigung erörtert somit nicht nur rechtliche, sondern auch soziologische Fragen.

Die rechtliche Erscheinungsform einer Handelsgesellschaft beruht vornehmlich auf der Erwägung, wie der Gesellschaftszweck bestmöglich verwirklicht werden kann; das ist weniger eine Frage der „sozialen Achtbarkeit", als vielmehr eine Überlegung haftungs- oder steuerrechtlicher Art[78]).

Zudem wurzelt der strafrechtliche Ehrbegriff nicht in Anordnungen des Staates[79]); wie der Staat niemandem die Ehre schmälern oder ganz entziehen kann — wem die bürgerlichen Ehrenrechte aberkannt werden, dem werden staatsbürgerliche Rechte, nicht die Ehre, geschmälert[80]) —, so kann er selbst auch niemandem Ehre verleihen[81]), vielmehr nur vorhandener Ehre Schutz gewähren.

Mithin ist auch jene Auffassung nicht richtig, die zwar den Kreis der passiv beleidigungsfähigen Verbände über die juristischen Personen hinaus erweitert, diese aber schon kraft ihrer Rechtsform als Träger eigener Ehre anerkennt[82]). Desgleichen mutet es ganz willkürlich an, wenn man den juristischen Personen in vollem Umfange, den ihnen in mancher Hinsicht gleichgestellten Offenen Handelsgesellschaften und Kommanditgesellschaften — sogenannten „relativen juristischen Personen" — nur teilweise Ehrenschutz gewähren will[83]).

III. Auch die im Handelsrecht übliche Unterscheidung zwischen Kapital- und Personalgesellschaften ist für den strafrechtlichen Ehrenschutz nicht maßgebend.

---

[76]) Die Rechtsfähigkeit eines Verbandes ist indessen für Strafantrag und Privatklage bedeutsam; vgl. unten § 6.

[77]) Vgl. zum Beispiel v. Bar GS 52, S. 186; Stenglein GS 42, S. 84; Hälschner, S. 168; v. Hippel, S. 218 Anm. 4; Welzel ZStW 57, S. 44; Sauer, S. 356; Schröder GS 110, S. 89; Schaefer LK II Vorbem. II 2 vor § 185; aus der Rechtsprechung zum Beispiel BGH, Ausgangsurteil, S. 191.

[78]) In diesem Sinne auch BGH, Ausgangsurteil, S. 191.

[79]) Vgl. Bolze GA 26, S. 2.

[80]) Vgl. §§ 32 ff. StGB.

[81]) Wohl kann der Staat jemandem besondere Ehrungen zuteil werden lassen.

[82]) So zum Beispiel Dohna, Graf zu, DJZ 1925, S. 1029; Stepperger, S. 44; gegen diese Ansicht Bruns NJW 1955, S. 692 und Schönke-Schröder Vorbem. III 1 vor § 185.

[83]) Vgl. Hammeley, S. 48, der für die Offene Handelsgesellschaft und Kommanditgesellschaft nur „im Umfang dieser relativen juristischen Persönlichkeit Beleidigungsfähigkeit" annehmen will.

1. Gleichwohl hat es bis in die neueste Zeit nicht an Stimmen gefehlt, die den „Sachwertgesamtheiten" — Stiftungen und handelsrechtlichen Kapitalgesellschaften, etwa den Aktiengesellschaften — den Schutz der §§ 185 ff. versagen wollen. Gesamtheiten, so argumentiert man, deren Substrat lediglich Vermögensgegenstände bilden, könnten nicht taugliche Objekte einer beleidigenden Äußerung sein[84]). Aber die Behauptung, daß eigene Ehre nur der Offenen Handelsgesellschaft und Kommanditgesellschaft gebühre, bei denen die Person der Mitglieder entscheidend im Vordergrund stehe, nicht aber den Aktiengesellschaften und Gesellschaften mit beschränkter Haftung, bei denen das persönliche Element stark zurücktrete, leuchtet wenig ein. Denn es geht ja nicht um die Frage, ob die in oder hinter der Gesellschaft stehenden Mitglieder, sondern ob die Gesamtheit als solche beleidigt werden kann; bei dieser Frage darf die Form der Organisation nicht maßgebend sein[85]).

2. Schließlich bleibt zu beachten, daß heute selbst im Bereich des Handelsrechts die herkömmliche Einteilung in Personal- und Kapitalgesellschaften immer fragwürdiger wird[86]). Zwar gilt weiterhin die Regel, daß die Offene Handelsgesellschaft eine auf der Persönlichkeit der Teilhaber aufgebaute Gesellschaft ist, in deren Leitung und Risiko sich wenige Einzelpersönlichkeiten teilen, daß andererseits bei der Aktiengesellschaft als einem Kapitalverein die jederzeit frei veräußerlichen Geldbeteiligungen entscheidende Grundlage sind, während es auf die Person der Aktionäre nicht wesentlich ankommt.

Aber schon die gesetzlichen Regeln über die Kommanditgesellschaft und die Gesellschaft mit beschränkter Haftung sind nicht geeignet, diese mit Sicherheit den Personal- oder den Kapitalgesellschaften zuzuordnen. Die Kommanditgesellschaft ist der Offenen Handelsgesellschaft zwar weitgehend nachgebildet; doch die Beteiligung zumindest eines Kommanditisten, der nur auf den Betrag einer bestimmten Vermögenseinlage haftet, verleiht ihr zugleich einen „kapitalistischen Charakter". Die Gesellschaft mit beschränkter Haftung — als Kapitalverein der Aktiengesellschaft verwandt — trägt wegen der geringen Zahl der Mitglieder auch Züge einer Personalgesellschaft.

In der Kommanditgesellschaft auf Aktien hat das Gesetz einen „Mischtyp" geschaffen, der Elemente der Kommanditgesellschaft und der Aktiengesellschaft in sich vereinigt; die gesetzlichen Vorschriften lassen hier noch

---

[84]) Vgl. zum Beispiel Rüdorff-Stenglein, S. 427; Goltdammer GA 16, S. 844; Bless, S. 82; Schürhoff, S. 13; Schröder GS 110, S. 78; OLG Düsseldorf HRR Band 2, S. 286 f.; zweifelnd auch Maurach II (1. Auflage), S. 105. Völlig abwegig sind die Gedanken Schraders, S. 39 f., der die Sachwertgesamtheiten deshalb für nicht passiv beleidigungsfähig hält, weil man anderenfalls auch den Vermögensgegenständen, etwa Maschinen, Ehrenschutz zubilligen müsse.

[85]) So entscheiden zum Beispiel auch Liepmann VDB IV, S. 352 Anm. 3; Jungbluth, S. 26; BGH, Ausgangsurteil, S. 191.

[86]) Die unmittelbar folgenden Ausführungen stützen sich im wesentlichen auf Lehmann, S. 16 ff., 100 ff., 146 ff., 204 ff., 287 ff.

viel weniger erkennen, ob es sich um eine Personalgesellschaft oder um einen Kapitalverein handelt.

Nicht zuletzt hat die Praxis entscheidend dazu beigetragen, die Grenzlinien zwischen Personal- und Kapitalgesellschaften mehr und mehr zu verwischen. Das nachgiebige Recht[87]) hat auch die Offene Handelsgesellschaft nach den Grundsätzen einer Kapitalgesellschaft gestaltet. Die Kommanditgesellschaft hat nicht selten eine körperschaftliche Verfassung erhalten, die den Komplementären die Stellung des Vorstandes, dem Kommanditistenausschuß die Funktion des Aufsichtsrates und der Masse der Kommanditisten die Befugnisse der Hauptversammlung überträgt. Andererseits können in einer Aktiengesellschaft, deren Kapital in wenigen Händen ist, persönliche Verbundenheit und gegenseitiges Vertrauen unter den Großaktionären bei weitem größer sein als in einer Offenen Handelsgesellschaft oder Kommanditgesellschaft mit vielen Mitgliedern. Die rechtliche Gestaltungsfreiheit hat schließlich dazu geführt, mehrere gleich- oder verschiedenartige Gesellschaften derart miteinander zu verbinden, daß etwa eine Offene Handelsgesellschaft einen beträchtlichen Anteil am Grundkapital einer Aktiengesellschaft erwirbt oder eine Aktiengesellschaft Gesellschafterin einer Offenen Handelsgesellschaft oder Kommanditgesellschaft wird.

3. Bei der vom Gesetz ermöglichten und von der Praxis überraschend schnell erarbeiteten Vielfalt der Gesellschaftstypen kann die Form der Organisation mithin nur von Fall zu Fall richtig bestimmt werden. Wenn aber die generelle Unterscheidung zwischen Personal- und Kapitalgesellschaften schon im Handelsrecht bedenklich ist, weil sie durch die tatsächlichen Verhältnisse häufig widerlegt wird, so darf sie — abgesehen von den bereits oben § 3 III 1 erwähnten Gründen — auch aus dieser Erwägung heraus für die Frage der passiven Beleidigungsfähigkeit nicht maßgeblich sein. Gerechtigkeit und Rechtssicherheit verlangen andere Kriterien, nach denen der strafrechtliche Ehrenschutz handelsrechtlicher Verbände zu beurteilen ist.

IV. Die Autoren, die der Rechtsfähigkeit oder Organisationsform einer Handelsgesellschaft Bedeutung beimessen, haben jedoch — bewußt oder unbewußt — eines richtig erkannt: ein durch freien Willensentschluß seiner Mitglieder gegründeter Personenverband kann nur dann eigene Ehre besitzen, wenn er organisiert ist[88]). Sie verkennen aber, daß es nicht darauf ankommen darf, nach welchen Gesichtspunkten die Organisation aufgebaut ist; wesentlich ist vielmehr, daß eine solche überhaupt besteht. Allein „das Ob, nicht aber das Wie der Organisation"[89]) entscheidet. Die Organisation einer Gemeinschaft ist für den Ehrenschutz deshalb so grundlegend, weil sie die lose Masse der Mitglieder zu einer korporativen Einheit mit eigenem Leben

---

[87]) Vgl. § 109 HGB, der gemäß § 161 Absatz II HGB auch für die Kommanditgesellschaft gilt.

[88]) Ob die ursprünglichen, naturgewachsenen Gemeinschaften — Familie, Sippe, Volk, Rasse — beleidigt werden können, obgleich sie regelmäßig nicht organisiert sind, mag dahinstehen; für ihren Ehrenschutz gelten vielleicht andere Grundsätze.

[89]) Gerland GS 110, S. 20.

und eigenem Persönlichkeitswert zusammenschließt. Erst die Organisation ermöglicht es, „einen greifbaren Ausdruck für die von der Einzelsphäre zu sondernde Gemeinschaftssphäre ... zu finden"[90]). Nur die organisierte Gesellschaft ist fähig, einen einheitlichen, rechtlich anerkannten Gesamtwillen zu äußern, der vom Willen der Mitglieder zwar nicht unabhängig, aber durchaus zu unterscheiden ist. Der Verband ist dann nicht lediglich die Summe von Einzelpersonen, nicht bloße Fiktion[91]), sondern ein „sozialer Organismus"[92]), der aktiv und passiv am Rechtsverkehr teilnimmt, als Einheit jedem Dritten erkennbar[93]). Kraft der eigenen Willens- und Handlungsfähigkeit kann die Gesellschaft ihr eigentümliche Aufgaben erfüllen[94]), somit spezielle Werte schaffen und damit zum Träger eigener Ehre werden. Wo dieser eine dauerhafte Verbindung ermöglichende Verbandswille fehlt — so bei zufälligen, vorübergehenden Vereinigungen, etwa Stammtischen und Skatrunden —, kann von einer gemeinsamen Aufgabe, einem der Gesellschaft eigentümlichen Gemeinschaftswert und daher auch von einer besonderen Gemeinschaftsehre nicht die Rede sein.

Das Problem des Ehrenschutzes handelsrechtlicher Verbände läßt sich demnach nicht in der Weise lösen, daß man zwischen rechtsfähigen und nichtrechtsfähigen Gemeinschaften, zwischen Personengesellschaften und Kapitalvereinen unterscheidet; vielmehr ist die bei allen Handelsgesellschaften vorhandene Organisation in den Vordergrund zu stellen[95]). Ob die Organisation, die eine Handelsgesellschaft zu einem einheitlich gegliederten, lebendigen Ganzen gestaltet, das allein ausreichende Kriterium für die passive Beleidigungsfähigkeit dieser Verbände ist, wird damit freilich noch nicht entschieden.

---

[90]) Liepmann VDB IV, S. 352.

[91]) Die individuelle Gemeinschaftsauffassung, wie sie in den älteren Fiktionstheorien zum Ausdruck kommt, hielt noch an der Meinung fest, die juristische Person sei eine vom Recht für bestimmte Zwecke aufgestellte Fiktion.

[92]) Gierke, Otto, S. 12.

[93]) Daß die Gesamtheit als solche nach außen in Erscheinung tritt, ist für den Vorsatz des Täters wichtig; seine ehrverletzenden Angriffe kann er nur gegen diejenige Gemeinschaft richten, die er kennt. Anderenfalls will er nur die einzelnen Mitglieder beleidigen.

[94]) Der Bundesgerichtshof, der auch nur diejenigen Personengemeinschaften für beleidigungsfähig hält, die einen einheitlichen Willen bilden können, stellt indessen nicht klar heraus, daß die eigene Willens- und Handlungsfähigkeit die Grundlage dafür ist, daß eine Gemeinschaft besondere Aufgaben wahrnehmen kann; vgl. BGH 6, S. 186 ff. (191): „Es genügt, daß die Personengesamtheit(en) eine rechtlich anerkannte gesellschaftliche Aufgabe erfüllt und einen einheitlichen Willen bilden kann."

[95]) Wie hier entscheiden auch: Stenglein GS 42, S. 84; Hammeley, S. 37; Eisler, S. 16; Jungbluth, S. 27; Lehndorff, Graf, S. 15; Stepperger, S. 34, Maurach II, S. 120. Anders entscheiden: Zimmermann GA 25, S. 101, der die eigene Willensfähigkeit der Gemeinschaft für unwichtig hält, und Welzel ZStW 57, S. 44, der der äußeren Organisation einer Gemeinschaft keinerlei Bedeutung beimißt.

V. Nach einer in Rechtsprechung und Schrifttum verbreiteten Lehre muß eine Gemeinschaft „... — neben der Fähigkeit, einen eigenen Willen zu bilden — besondere Aufgaben erfüllen, um ehr- und beleidigungsfähig zu sein. Denn nur um der Erfüllung dieser Aufgaben willen genießt sie Achtung im Verkehr“[96]). Die Tatsache, daß in unserem „sozialen Zeitalter“[97]) Personengemeinschaften in einen besonderen Aufgabenkreis hineingestellt sind, verleiht ihnen — angeblich — noch keinen Wert, der Grundlage für den Anspruch auf Achtung sein kann. Nach der geschilderten Ansicht besitzt nur diejenige Gemeinschaft eigene Ehre, welche den ihr übertragenen Aufgaben und Pflichten zielbewußt nachkommt[98]).

Diese Lehre leuchtet wenig ein. Der strafrechtliche Ehrenschutz einer Gemeinschaft darf nicht davon abhängen, ob sie die ihr zugedachten und ihr eigentümlichen Aufgaben wirklich erfüllt. Für die passive Beleidigungsfähigkeit eines Verbandes ist vielmehr entscheidend, daß er mit besonderen Aufgaben betraut ist. Schon die Bestimmung für eine besondere Aufgabe, nicht erst deren Erfüllung verleiht einem Verband einen eigenen Wert.

Den Handelsgesellschaften ist mithin strafrechtlicher Ehrenschutz zu gewähren, wenn sich nachweisen läßt, daß auch sie dazu bestimmt sind, besondere Aufgaben wahrzunehmen. Da sie in erster Linie auf kommerziellem Gebiet tätig sind und privatrechtliche, insbesondere wirtschaftliche Zwecke verfolgen, ist dies mit verschiedensten Argumenten häufig bestritten worden.

1. Das Reichsgericht hat lange Zeit hindurch — von Behörden und politischen Körperschaften abgesehen — Personenverbänden den Schutz der §§ 185 ff. generell versagt[99]). Erst in seinem Urteil vom 12. 3. 1936[100]) hat es die Meinung aufgegeben, daß grundsätzlich nur die Einzelperson Träger der Ehre sei. „Zum mindesten die Personenmehrheiten, die das Recht anerkannt und die mit staatlicher Billigung der Erfüllung öffentlicher Aufgaben zu dienen bestimmt sind, müssen hinsichtlich des Ehrenschutzes den Behörden und politischen Körperschaften darin gleichgestellt werden, daß bei ihnen eine Gemeinschaftsehre anerkannt wird, deren Verletzung als Beleidigung zu bestrafen ist[101]).“ Die hier vom Reichsgericht vertretene Ansicht, nur denjenigen Körperschaften Ehrenschutz zu gewähren, die mit staatlicher Billigung öffentliche Aufgaben erfüllen, hat in der Folgezeit vornehm-

---

[96]) Bruns NJW 1955, S. 691; vgl. zum Beispiel auch BGH, Ausgangsurteil, S. 191.

[97]) Sauer, S. 354.

[98]) Vgl. auch Kratz, S. 49: „Darum erwächst aber der Individuengruppe gerade wie dort dem einzelnen Individuum das Recht, in dem Werturteil der Allgemeinheit die durch das Maß ihrer Pflichterfüllung gegebene soziale Achtungswürdigkeit anerkannt zu sehen.“

[99]) Vgl. oben Anm. 2.

[100]) RG 70, S. 140 f.; hier hat das Reichsgericht den Bund der Frontsoldaten („Stahlhelm“) für passiv beleidigungsfähig erklärt.

[101]) RG 70, S. 140.

lich die Rechtsprechung dazu veranlaßt, wirtschaftliche Ziele einer Gemeinschaft als Grundlage für deren passive Beleidigungsfähigkeit nicht zu berücksichtigen. Das Reichsgericht selbst hat in einer späteren Entscheidung[102]) mit Nachdruck betont, daß weder aus rechtsdogmatischen noch aus rechtspolitischen Gründen den privaten Erwerbsgesellschaften der Schutz gemäß §§ 185 ff. gewährt werden dürfe. Ebensowenig hat auch das Oberlandesgericht Königsberg[103]) einen Darlehnskassenverein — eine eingetragene Genossenschaft — als Träger eigener Ehre anerkannt. „Er dient nicht der Erfüllung öffentlicher Aufgaben; er bezweckt im wesentlichen, das Kreditbedürfnis seiner Mitglieder zu befriedigen und für sie bankmäßige Dienste zu verrichten. Eine Bedeutung, die über diese rein wirtschaftliche Zielsetzung wesentlich hinausgeht, kommt ihm nicht zu." Das Oberlandesgericht Frankfurt[104]) hat noch im Jahre 1950 der Deutschen Nachrichten-Agentur — einer eingetragenen Genossenschaft mit beschränkter Haftpflicht — strafrechtlichen Ehrenschutz mit der Begründung versagt, daß diese Genossenschaft nicht öffentlichen Aufgaben zu dienen bestimmt sei. „Öffentlich", so heißt es in dem Urteil, „wären die Aufgaben nur dann, wenn sie über den Kreis der Genossenschaftsmitglieder hinaus unmittelbar auf die Allgemeinheit einzuwirken bestimmt wären". Die Aufgaben, welche sich die Deutsche Nachrichten-Agentur in ihrem Statut gestellt habe, beschränkten sich jedoch darauf, die Interessen der Mitglieder zu fördern, seien daher nicht geeignet, einen Anspruch auf Achtung zu begründen.

Die Zahl der angeführten Beispiele aus der Rechtsprechung ließe sich vermehren; ebenso könnten entsprechende Hinweise aus dem Schrifttum angeführt werden[105]). Wenn hier darauf verzichtet wird, so deshalb, weil die in Rechtsprechung und Rechtslehre seit dem Jahre 1936 so oft zitierte Entscheidung des Reichsgerichts im Siebzigsten Bande, S. 140 f. in ihrem Ausgangspunkt und daher auch im Ergebnis verfehlt ist. Die Gründe, die das Reichsgericht dazu veranlaßten, nur den mit öffentlichen Aufgaben betrauten Gemeinschaften Schutz gegen beleidigende Äußerungen zu gewähren, sind unterschiedlich, dürfen jedoch insgesamt nicht gebilligt werden. Das angeblich so entscheidende Merkmal der „öffentlichen Aufgaben" läßt sich einerseits daraus erklären, daß man in den §§ 196, 197 — irrtümlich — ein Argument für die Beleidigungsfähigkeit von Gemeinschaften gesehen hat; wenn in den §§ 196, 197 Behörden und politische Körperschaften — Institutionen mit öffentlichen Aufgaben — geschützt seien, so markiere das Gesetz damit zugleich die Grenze, über die hinaus ein vom Gesetzgeber gewollter Strafschutz nicht erkennbar sei[106]). Daß diese Behauptung nicht zutrifft, wurde bereits

---

[102]) Vgl. RGZ DR 1941, S. 2125.

[103]) Vgl. HRR 1939, Nr. 1487.

[104]) Vgl. SJZ 1950, S. 353 ff. (355).

[105]) Vgl. v. Olshausen, § 185 Anm. 4 a, der auf mehrere Urteile des Reichsgerichts verweist.

[106]) In diesem Sinne äußern sich heute noch Kohlrausch-Lange Vorbem. III vor § 185.

oben § 1 nachgewiesen[107]). Zudem ist die Auffassung des Reichsgerichts insoweit auch durch die politischen Verhältnisse der damaligen Zeit beeinflußt. Der — bei Verkündung des Urteils bereits aufgelöste — Bund der Frontsoldaten wurde als Träger eigener Ehre weniger aus dem Grunde anerkannt, weil er „öffentliche Aufgaben" zu erfüllen hatte, als vielmehr aus der Erwägung, daß er als politische Institution schutzwürdig sei[108]). Der vom Reichsgericht entwickelten Lehre, welche die Ehrfähigkeit der Handelsgesellschaften schlechthin verneint, da diese ausschließlich privatwirtschaftliche, nicht aber öffentliche Zwecke verfolgen, ist auch entgegenzuhalten, daß das Strafrecht nicht allein dem Schutz des Staates und seiner Einrichtungen, sondern ebenso dem Schutz des einzelnen und privater Organisationen dient.

2. Der Erste Strafsenat des Bundesgerichtshofs hat in seinem wichtigen Urteil vom 8. Januar 1954[109]) die vom Reichsgericht vorgenommene Trennung zwischen öffentlichen und privaten Aufgaben als Kriterium für den Ehrenschutz von Gemeinschaften ausdrücklich abgelehnt. „Es genügt, daß die Personengesamtheit(en) eine rechtlich anerkannte gesellschaftliche (auch wirtschaftliche) Aufgabe („soziale Funktion") erfüllt ... Die Aufgabe braucht keine öffentliche zu sein; sie muß nur im täglichen Leben mit rechtlicher Billigung üblicherweise erfüllt werden."

Daß eine Gemeinschaft — will sie wirksam Anspruch auf Achtung erheben — nach den allgemeinen Grundsätzen des Rechts handeln, mithin eine „rechtlich anerkannte Funktion" ausüben muß, ist keineswegs eine Forderung, die der Bundesgerichtshof als erster ausgesprochen hat[110]). Sie ergibt sich unmittelbar schon aus der Überlegung, daß das Recht nur schützen will und darf, was es anerkennt oder zum mindesten duldet. Der Staat darf nicht mit Hilfe des Strafgesetzes einer „Ehre" von Verbrecherbanden oder sonstigen staatsfeinlichen Vereinigungen Schutz gewähren[111]).

---

[107]) Vielleicht geht die Ansicht des Reichsgerichts auf Schütze, S. 355 zurück, wo dieser ohne nähere Begründung erklärt: „Aber auch die öffentlichrechtliche mit bestimmter Geltung im Rechtsleben ausgestattete juristische Person kann beleidigt werden; nicht die lediglich privat- d. h. vermögensrechtliche."

[108]) Die Lehre vom Ehrenschutz der Gemeinschaften ist zwar kein nationalsozialistisches Gedankengut, vgl. oben § 3 I. Aber unter dem Eindruck der damals herrschenden Weltanschauung ist der Ehrenschutz auf Körperschaften mit „öffentlichen Aufgaben" beschränkt worden. Dies bestätigen auch spätere Urteile, zum Beispiel die in DStR 1937, S. 263 abgedruckte Entscheidung des Kammergerichts, in der der „Gesamtheit der in den Untergliederungen der NSDAP tätigen Unterführer oder Amtswalter" eigene Ehre zuerkannt wurde.

[109]) BGH, Ausgangsurteil, S. 191.

[110]) In diesem Sinne äußert sich zum Beispiel schon Hurwicz ZStW 31, S. 882 f.; zustimmend zum Beispiel Stepperger, S. 47 f.

[111]) Vgl. Hurwicz ZStW 31, S. 891: Vom Schutz der §§ 185 ff. sind ausgeschlossen „alle Arten der Vergesellschaftung, die nicht in die von der Rechtsordnung sanktionierten Formen eingeschlossen sind, und endlich alle Verbandspersonen, die von der Rechtsordnung verboten sind, deren Bestand also rechtlich nichtig ist". Vgl. auch Bruns NJW 1955, S. 691: „Da die rechtliche Anerkennung

Er darf nur diejenigen Personenmehrheiten in ihren Rechten und Interessen fördern und sichern, denen „gemeinschaftserhebliche Aufgaben“[112]) gestellt sind.

Daß alle Personenverbände mit einer bestimmten sozialen Funktion — öffentlicher oder privater Natur — in den Kreis der passiv beleidigungsfähigen Gemeinschaften miteinbezogen werden dürfen und müssen, ist ebenfalls ein Gedanke, den das Schrifttum bereits vor dem erwähnten Urteil des Bundesgerichtshofs zu Recht geäußert hat[113]). Wenn neben dem sittlichen auch der soziale Wert Grundlage für den Anspruch auf Achtung sein kann, so genügt es, daß eine Personengesamtheit — kraft eigener Willens- und Handlungsfähigkeit — eine soziale Funktion innehat; alsdann ist sie fähig, eigene soziale Werte und damit Ehre im strafrechtlichen Sinne zu erwerben.

VI. Demnach gilt es zu klären, ob die Gesellschaften des Handelsrechts soziale Aufgaben erfüllen. Wenn ihrer Tätigkeit diese Bedeutung zukommt, müssen sie als Träger eigener Ehre anerkannt und geschützt werden. Gerade bei dieser Frage gehen indessen die Meinungen im modernen Schrifttum weit auseinander.

1. Die eine Gruppe von Autoren[114]) will den Handelsgesellschaften strafrechtlichen Ehrenschutz generell versagen, weil anderenfalls „dem Ziel, soziale Werte zu verwirklichen, das Profitstreben gleichgesetzt“[115]) werde; die Verwirklichung privatwirtschaftlicher Zwecke soll die Ehrfähigkeit des Verbandes ausschließen.

2. Nach Ansicht anderer namhafter Rechtslehrer[116]) entscheiden nur die Umstände des einzelnen Falles darüber, ob private wirtschaftliche Vereinigungen sozialen Funktionen ausüben[117]). Das rechtlich anerkannte Gewinnstreben soll für sich allein die passive Beleidigungsfähigkeit weder begründen noch ausschließen. „Dieses Gewinnstreben muß vielmehr seinerseits im Dienste einer sozialen Funktion stehen, die die Gesellschaft für die Gesamtheit zu erfüllen hat[118]).“ Das erwähnte Ausgangsurteil des Bundesgerichtshofs

---

der Aufgabe nur im Sinne einer allgemeinen Billigung zu verstehen ist, führt dieses Erfordernis lediglich zur Ausscheidung der außerhalb des Rechts stehenden Personengesamtheiten, d. h. der unerlaubten, auf einen verbotenen Zweck gerichteten Vereinigungen, insbesondere der Verbrecherbanden.“

[112]) Welzel, S. 265.

[113]) Vgl. zum Beispiel Maurach II (1. Auflage), S. 105.

[114]) Vgl. zum Beispiel Kohlrausch-Lange Vorbem. III vor § 185; zweifelnd auch Dreher-Maassen, § 185 Anm. 3.

[115]) Kohlrausch-Lange Vorbem. III vor § 185.

[116]) Vgl. zum Beispiel Schaefer LK II Vorbem. II 2 vor § 185; Bruns NJW 1955, S. 692 f.; Niese JZ 1960, S. 358.

[117]) Aber auch sie geben zu, daß die besondere wirtschaftliche Bedeutung der Gesellschaft — der Umfang des Gewerbebetriebs — nicht maßgebend sein darf; auch kleine, wirtschaftlich unbedeutende Vereinigungen können Ehrenschutz genießen, vgl. zum Beispiel Bruns NJW 1955, S. 691.

[118]) Niese JZ 1960, S. 358.

darf nach Meinung dieser Autoren nicht zu der Annahme verleiten, jede Handelsgesellschaft genieße schlechthin den Schutz der §§ 185 ff., weil eine jede von ihnen — sofern sie nur satzungsgemäß tätig werde — eine rechtlich anerkannte gesellschaftliche Aufgabe erfülle[119]). „Im übrigen habe ich Bedenken, so weitgehende Folgerungen aus dem Urteil herauszulesen, das zweifellos einen Sonderfall behandelt ... und entscheidendes Gewicht auf die Feststellung legt, daß die beleidigte Kapitalgesellschaft als Verlegerin einer verbreiteten Tageszeitung eine rechtlich anerkannte Aufgabe von öffentlicher Bedeutung erfüllt[120])." Vorbehaltlos pflichtet man dem Bundesgerichtshof nur darin bei, daß er den konkreten Sachverhalt — den gegen eine Gesellschaft mit beschränkter Haftung als Verlegerin einer Tageszeitung erhobenen Vorwurf politischer Bestechlichkeit — zutreffend als Beleidigung einer Kapitalgesellschaft gewertet hat. Man bestreitet aber auch, daß der Bundesgerichtshof eine generelle Entscheidung zur passiven Beleidigungsfähigkeit von Handelsgesellschaften habe treffen wollen; denn es dürfe für die Frage des Ehrenschutzes nicht gleichgültig sein, „ob eine Kapitalgesellschaft Nachrichten vermittelt, eine Tageszeitung herausgibt, Filme verleiht, eine Omnibuslinie betreibt, mit Konserven handelt oder Glühbirnen herstellt"[121]); der „Niveauunterschied" dieser Gewerbe müsse berücksichtigt werden.

3. Eine dritte Gruppe von Autoren[122]) will allen Handelsgesellschaften — ohne Rücksicht auf Art und Umfang des betriebenen Gewerbes — den Schutz der §§ 185 ff. gewähren. Diese Ansicht verdient den Vorzug.

Der Einwand, daß sich die Tätigkeit der Handelsgesellschaften im Streben nach Profit erschöpfe und keine sozialen Werte schaffe, ist einseitig und deshalb unrichtig. Er kann mit stichhaltigen Argumenten entkräftet werden, mag der Vermögensgewinn in aller Regel auch das wichtigste Motiv für Gründer und spätere Mitglieder einer Handelsgesellschaft sein[123]). Das gedeihliche Wirken handelsrechtlicher Verbände ist für das Wohl eines Volkes außerordentlich bedeutsam. Nicht selten erfüllen heute private Handelsgesellschaften Aufgaben aus Wissenschaft und Forschung — etwa auf den Gebieten der Physik, Chemie oder Medizin — und entlasten somit den Staat ganz erheblich. Abgesehen von diesen besonderen Fällen sind einer jeden Handelsgesellschaft soziale Pflichten auferlegt: Zahlung angemessener Löhne und Gehälter, Beschränkung der Arbeitszeit, Versicherung der Arbeitnehmer und dergleichen. Viele Gesellschaften erfüllen zusätzliche Aufgaben

---

[119]) Vgl. zum Beispiel Bruns NJW 1955, S. 692 f.; Birk, Rundschau für GmbH, 1956, S. 106.

[120]) Bruns NJW 1955, S. 692.

[121]) Bruns NJW 1955, S. 693.

[122]) Vgl. zum Beispiel Sauer, S. 356; Welzel, S. 265, der dem Ausgangsurteil des Bundesgerichtshofs ohne Vorbehalt zustimmt.

[123]) Die Aktiengesellschaft und die Gesellschaft mit beschränkter Haftung können indessen jeden beliebigen Zweck verfolgen und gelten ohne Rücksicht darauf stets als Handelsgesellschaften, § 3 AktG, §§ 1, 13 Absatz III GmbHG.

zum Wohle ihrer Belegschaft und damit der Allgemeinheit: sie bauen Wohnungen, die sie unter dem sonst üblichen Preis vermieten, finanzieren Erholungsreisen und beteiligen Arbeiter und Angestellte am Gewinn. Schließlich bleibt zu beachten, daß eine Handelsgesellschaft, deren Geschäft floriert, sichere Arbeitsplätze schafft und dadurch mithilft, die Gefahr der Arbeitslosigkeit zu bannen. Es darf nicht davon die Rede sein, daß handelsrechtliche Vereine ausschließlich den Profit einer kleinen Gruppe von Personen — der Gesellschafter — anstreben. Sie erfüllen soziale Aufgaben und dienen der ganzen Volksgemeinschaft; über das Eigentum, das sie erwerben, dürfen sie nicht nach Belieben verfügen, sondern müssen es zugleich in den Dienst der Allgemeinheit stellen. Gemäß Art. 14 Absatz 2 GG ist jeder Eigentümer — mithin auch jeder handelsrechtliche Verband —[124]) verpflichtet, „nicht nur Rücksicht auf das Wohl der Allgemeinheit zu nehmen, sondern den Gebrauch des Eigentums so einzurichten, daß er außer seinen eigenen Interessen zugleich auch dem Wohle der Allgemeinheit dient“[125]). Heute, nach „Abkehr vom liberalindividualistischen Eigentumsbegriff“[126]), sind alle vermögenswerten Rechte — gleichgültig wem sie zustehen — an die soziale Gemeinschaft gebunden.

Gegen die von Schaefer[127]), Bruns[128]), Niese[129]) und Birk [130]) vorgetragene Ansicht, nach der nur die Umstände des einzelnen Falles, insbesondere die Art des Gewerbebetriebs darüber entscheiden, ob ein handelsrechtlicher Verband eigene Ehre besitzt oder nicht, sprechen rechtsdogmatische Erwägungen. Warum etwa nur eine Verlagsgesellschaft, nicht dagegen eine Verkehrsgesellschaft strafrechtlichen Ehrenschutz genießen soll, kann nicht mit überzeugenden Argumenten begründet werden. Beide Erwerbsarten sind gleich wichtig und gleich ehrenwert. Wenn Einzelkaufmänner diesen Gewerben nachgehen, so wird sicherlich niemand behaupten wollen, daß nur der Verleger, nicht dagegen der Inhaber der Verkehrsgesellschaft eine soziale Aufgabe erfülle, sozialen Wert besitze und den entsprechenden Anspruch auf Achtung erheben dürfe[131]).

---

[124]) Vgl. BVerfE 4, S. 7 (17) und Maunz-Dürig, Art. 19 Absatz III Erl. 57, die das Grundrecht des Art. 14 Absatz I GG — entsprechend dem Grundgedanken des Art. 19 Absatz III GG — auf alle Handelsgesellschaften anwenden; dann müssen ebenso die in Art. 14 Absatz II GG enthaltenen Schranken — die sogenannte Sozialpflichtigkeit des Eigentums — für alle Handelsgesellschaften gelten. Beachte auch § 70 Absatz I AktG, der die allgemeine Norm des Art. 14 Absatz II GG konkretisiert.

[125]) v. Mangoldt-Klein, Art. 14 Anm. V 2 b.

[126]) v. Mangoldt-Klein, Art. 14 Anm. V 2 b.

[127]) Vgl. Schaefer LK II Vorbem. II 2 vor § 185.

[128]) Vgl. Bruns NJW 1955, S. 692 f.

[129]) Vgl. Niese JZ 1960, S. 358.

[130]) Vgl. Birk, Rundschau für GmbH, 1956, S. 106.

[131]) Daß beide als Einzelpersönlichkeiten sittlichen Wert und schon deshalb Ehre im strafrechtlichen Sinne besitzen, versteht sich.

Der Bundesgerichtshof[132]) hat zwar zutreffend dargelegt, daß eine Gesellschaft mit beschränkter Haftung als Verlegerin einer verbreiteten Tageszeitung eine anerkannte Aufgabe von öffentlicher Bedeutung erfüllt. Sein Urteil bringt aber an keiner Stelle zum Ausdruck, daß die Kapitalgesellschaft nur wegen der besonderen Art ihres Gewerbes als Trägerin eigener Ehre anerkannt wurde. Die Art der durch eine Handelsgesellschaft ausgeübten Tätigkeit ist nach Ansicht des Bundesgerichtshofs gerade nicht wesentlich. Vielmehr „genügt, daß die Personengesamtheit eine rechtlich anerkannte gesellschaftliche (auch wirtschaftliche) Aufgabe ...“[133]) erfüllt. Gerade mit diesem so entscheidenden Satz hat der Bundesgerichtshof klarstellen wollen, daß die vom Reichsgericht — zu Unrecht — vorgenommene Trennung zwischen privatwirtschaftlichen und öffentlichen Aufgaben für die Frage des Ehrenschutzes der Gemeinschaften nicht maßgeblich ist; gerade diese weite Ausgangsformel macht das Urteil so bedeutsam. Es geht daher nicht an zu behaupten, der Bundesgerichtshof habe die Kapitalgesellschaft nur deshalb für passiv beleidigungsfähig erklärt, weil „die besondere (politische) Tönung des Sachverhalts und die Art der angegriffenen Interessen (Presse, Zeitungswesen)“[134]) dies verlangten.

Auch aus rechtspolitischen Gründen darf die Art des ausgeübten Gewerbes nicht darüber entscheiden, ob eine Handelsgesellschaft eigene Ehre besitzt oder nicht. Der Rechtsfrieden würde gestört werden, wollte man zum Beispiel einer Verlags-, nicht aber einer Verkehrsgesellschaft den Schutz der §§ 185 ff. gewähren. Der Strafrichter — mehr als jeder andere dazu berufen, den Rechtsfrieden zu sichern und zu erhalten— darf nicht etwa eine kleine Gesellschaft, die eine relativ unbedeutende und wenig gelesene Tageszeitung verlegt, gegen Beleidigungen schützen, wenn er oder ein anderer Richter ehrverletzende Äußerungen gegen einen handelsrechtlichen Verein, der ein wichtiges Verkehrsunternehmen betreibt, nicht bestraft[135]). Zudem fehlt die Instanz, die mit Fug und Recht entscheiden dürfte, welche Handelsgesellschaften soziale Aufgaben erfüllen und welche nicht; dazu ist weder der Verband selbst, noch die Öffentlichkeit, noch der Richter berufen. Die Rechtssicherheit gebietet, den Ehrenschutz handelsrechtlicher Vereinigungen einheitlich zu beurteilen: wer ihn irgendeiner Handelsgesellschaft gewährt, der

---

[132]) Vgl. BGH, Ausgangsurteil, S. 191.

[133]) BGH, Ausgangsurteil, S. 191.

[134]) Bruns NJW 1955, S. 693; er zieht in der Tat den Schluß, nur das besondere Niveau der von der Gesellschaft mit beschränkter Haftung erfüllten Aufgaben mache die Gesellschaft zur Trägerin eigener Ehre; ähnlich auch Birk, Rundschau für GmbH 1956, S. 106.

[135]) Zu beachten bleibt jedoch, daß es auf die Größe der Handelsgesellschaft nicht ankommt: eine kleine Gesellschaft mit beschränktem Wirkungskreis darf den Schutz der §§ 185 ff. ebenso beanspruchen wie ein großer Handelsverein. Für den Schutz der Individuallehre ist doch auch die mehr oder weniger große Bedeutung ihres Trägers im sozialen Leben nicht ausschlaggebend; vgl. Dalcke-Schäfer, § 185 Anm. 1 h.

muß ihn folgerichtig allen Handelsgesellschaften zubilligen. „Sie alle besitzen und erfüllen staatlich anerkannte Kulturaufgaben und müssen in ihrem rechtlichen Bestreben, das dem Ganzen zugute kommt, selbstverständlich gegen Ehrverletzungen geschützt werden, sollen sie nicht selbst und soll vor allem auch nicht das Kulturganze, dem sie dienen und nützen, beträchtlichen Schaden erleiden. Das erscheint so selbstverständlich, d. h. es entspricht so sonnenklar dem juristischen Grundgesetz des Gemeinwohls und der Gerechtigkeit, daß es wundernimmt, wie man sich in subtilen Auslegungskünsten (z. B. um den verunglückten § 196) verlieren kann[136])." Daß man auch nur einer einzigen Handelsgesellschaft — mag sie rechtsfähig oder nichtrechtsfähig, mag sie Personal- oder Kapitalgesellschaft sein, mag sie einen Verlag oder ein Verkehrsunternehmen besitzen — den strafrechtlichen Ehrenschutz versagt, „entspricht gewiß nicht dem Zug unseres sozialen Zeitalters"[137]) und der großen sozialen Bedeutung wirtschaftlicher Vereinigungen. Kein handelsrechtlicher Verband darf privater Willkür durch Angriffe auf seine soziale Achtbarkeit preisgegeben werden.

VII. Da sich der strafrechtliche Ehrbegriff nicht nur auf dem sittlichen, sondern auch auf dem sozialen Wert einer Persönlichkeit aufbaut[138]), muß jede Handelsgesellschaft — kraft eigener Willens- und Handlungsfähigkeit dazu imstande, soziale Aufgaben zu erfüllen — in den Kreis der Ehrenträger einbezogen werden. Alle handelsrechtlichen Verbände sind gegen Angriffe auf ihre soziale Ehre zu schützen. Diese Auslegung ist mit dem derzeit geltenden materiellen und prozessualen Strafrecht, das an keiner Stelle den Ehrenschutz der Handelsgesellschaften unmittelbar oder mittelbar behandelt, durchaus vereinbar. Wo der Wortlaut des Gesetzes eine Lücke aufweist, sind Rechtsprechung und Rechtslehre gehalten, durch eine sinnvolle und den Verhältnissen der Zeit entsprechende Interpretation den Sinn des Gesetzes zu ergründen[139]). Wenn der Schutz der §§ 185 ff. auf die Gesellschaften des Handelsrechts erstreckt wird, so ist das keine unstatthafte Erweiterung, sondern eine dogmatisch zulässige und — wie sich unten, § 7, zeigen wird, kriminalpolitisch gebotene — Auslegung dieser Strafnormen[140]). Man hat ja auch sonst keine Bedenken, die Handelsgesellschaften als Träger anderer Rechtsgüter anzuerkennen; man denke etwa an Jagdvergehen, Hausfriedensbruch, Verletzung des Briefgeheimnisses und dergleichen; auch bei diesen Delikten handelt es sich nicht nur um Vergehen gegen materielle Rechtsgüter. „Überall genügt uns die bloße Konstatierung,

---

[136]) Sauer, S. 356.

[137]) Sauer, S. 356.

[138]) Vgl. oben § 2 II.

[139]) Nach Art. 20 Absatz III GG ist die Rechtsprechung an Gesetz und Recht gebunden. Die Gerichte wirken indessen durch Auslegung der Rechtsnormen bei der Rechtsentwicklung mit.

[140]) In diesem Sinne äußert sich auch Schaefer LK II Vorbem. II 2 vor § 185.

daß die Personengesamtheit des betreffenden Rechtsgutes fähig sei, um sie sogleich auch als durch das Strafgesetz geschützt, als durch die strafbare Handlung verletzt ... anzusehen[141]).“

§ 4
Aktive und passive Beleidigungsfähigkeit

Im modernen Schrifttum[142]) ist behauptet worden, daß jeder, der sittliche oder soziale Werte besitze und deren Schutz von Rechts wegen fordern dürfe, auch fähig sei, ehrverletzende Äußerungen andern gegenüber kundzutun; jeder Verband, der selbst beleidigt werden könne, sei auch imstande, Straftaten im Sinne der §§ 185 ff. zu begehen.

Sowohl Autoren, die den Schutz der Gemeinschaftsehre befürworten, als solche, die ihn schlechthin ablehnen, haben die These von dem inneren Zusammenhang, von der „Wechselwirkung“[143]) zwischen aktiver und passiver Beleidigungsfähigkeit aufgestellt. Wenn eine Personengemeinschaft eigene Ehre habe, könne sie schuldhaft fremde Ehre angreifen, behaupten die einen[144]); da der Verband als solcher nicht Täter im Sinne der §§ 185 ff. sein könne, scheide er insoweit auch als Verletzter aus, sagen die anderen[145]). In diesem wissenschaftlichen Streit werden mithin aktive und passive Beleidigungsfähigkeit entweder einheitlich bejaht oder einheitlich verneint.

I. Die Lehre, die den Handelsgesellschaften strafrechtlichen Ehrenschutz nur deshalb versagen will, weil sie als Personenmehrheiten nicht Subjekt einer Beleidigung sein können, würde sich schon dann als unrichtig erweisen, sofern sich nachweisen ließe, daß nach geltendem Strafrecht auch eine Gemeinschaft strafbar handeln kann. Denn wer imstande ist, Straftaten zu begehen, der muß — die Wechselwirkung zwischen aktiver und passiver Beleidigungsfähigkeit einmal als richtig unterstellt — in seiner Ehre auch verletzt werden können. Es gilt mithin zu klären, ob sich die Normen des derzeit gültigen allgemeinen oder besonderen Strafrechts auch gegen die Handlungen von Gemeinschaften richten, d. h. ob die Strafgesetze der „Verbandskriminalität“ mit „Verbandssanktionen“ entgegentreten.

1. Das geltende Strafgesetzbuch enthält keine Bestimmung, nach der sich eine Strafe unmittelbar gegen einen Verband richtet. Auch in den strafrechtlichen Nebengesetzen gilt die Regel, daß Strafe nur dem einzelnen für die von ihm begangenen Delikte angedroht wird. Den Grundsatz „Societas delinquere non potest“ hat der deutsche Gesetzgeber lediglich in § 393 AO

---

141) Rosenfeld, S. 103.

142) Vgl. zum Beispiel Rotberg, S. 201.

143) Vgl. Bockelmann, Niederschriften, Band 4, S. 329.

144) Vgl. zum Beispiel Rotberg, S. 201.

145) Vgl. zum Beispiel Schrader, S. 49 f.; aus dem älteren Schrifttum Schwarze, S. 493 und Kratz, S. 43.

durchbrochen[146]). Wenn in Betrieben von juristischen Personen oder Personenvereinigungen Steuervergehen begangen werden, so darf nach dieser Vorschrift dort, wo das Gesetz Strafe androht, ohne daß ein Verschulden einer natürlichen Person festgestellt zu werden braucht, die Geldstrafe gegen die juristische Person oder Personenvereinigung selbst erkannt und diese in die Kosten des Verfahrens verurteilt werden. Das von jeher sehr enge Anwendungsgebiet des § 393 AO wurde indessen durch die Rechtsprechung des Reichsgerichts und durch die spätere Novellengesetzgebung[147]) „jeder praktischen Bedeutung entkleidet"[148]); die Vorschrift des § 393 AO hat den für den Geist des deutschen Strafrechts so wesentlichen Grundsatz, daß nur der einzelne für sein Verhalten verantwortlich ist, nicht zu erschüttern vermocht. Gerade das „Schicksal dieser Bestimmung ist ein glänzender Beweis für die Unverbrüchlichkeit des Schuldgrundsatzes selbst gegenüber dem positiven Gesetzesbefehl. Sie hat nicht die Kraft gehabt, diesen Grundsatz zu durchlöchern, sondern ist umgekehrt in ihrer praktischen Anwendbarkeit eben wegen ihres inneren Widerspruchs zu ihm völlig ausgeschaltet worden, so daß sie heute als Grundlage der Strafbarkeit juristischer Personen nur noch auf dem Papier steht"[149]).

2. Der Satz „Societas delinquere non potest" ist eine notwendige Folge aus § 50 Absatz I. Der Gesetzgeber hat hier den allgemeinen, über das Gebiet der Teilnahme weit hinausragenden Grundsatz verankert, daß strafrechtliche Schuld höchstpersönlich ist und Strafe nur nach dem Maß dieser Schuld verhängt werden darf.

Unter Schuld im Sinne der Strafgesetze sind die seelischen Beziehungen des Täters zu seiner Tat zu verstehen[150]). Von strafrechtlicher Schuld darf nur dort die Rede sein, wo dem Täter zu Recht vorgeworfen wird, er habe die gesetzlichen Gebote oder Verbote vorsätzlich oder fahrlässig mißachtet[151]). Ein derartiger Vorwurf kann aber nur die Einzelperson treffen; denn sie allein ist fähig, sich aus freier, verantwortlicher, sittlicher Selbstbestimmung für das Recht oder Unrecht zu entscheiden. Nur das Individuum kann sittlich

---

[146]) Unter dem Einfluß des angelsächsischen Rechtes, das Strafen auch gegen Personenverbände ausspricht, sind im Besatzungsrecht, vornehmlich in den alliierten Devisengesetzen, Bestimmungen geschaffen worden, die auch Gemeinschaften unter Strafe stellen; vgl. zum Beispiel Art. 5 Ziffer 7 Gesetz Nr. 14, Art. VIII und X a Gesetz Nr. 53 der Alliierten Ober-Kommission. Nach Kohlrausch-Lange, Vorbem. D 2 vor § 13 sind diese Vorschriften wegen Verstoßes gegen den ordre public für deutsche Gerichte grundsätzlich unanwendbar.

[147]) Vgl. das Gesetz vom 4. 7. 1939, das die Schuldvermutungen im Rahmen des § 393 AO beseitigte; vgl. Lange JZ 1952, S. 262.

[148]) Kohlrausch-Lange Vorbem. D 1 vor § 13.

[149]) Lange JZ 1952, S. 262.

[150]) Vgl. Schönke-Schröder Vorbem. V 1 vor § 51.

[151]) Anders im Zivilrecht; der Schuldbegriff beruht dort nicht auf der sittlichen Vorwerfbarkeit des schädigenden Verhaltens; die Handelsgesellschaften haften daher auch nach Deliktsrecht. Dies folgt aus § 31 BGB, der richtiger Ansicht nach auch für die Offene Handelsgesellschaft und die Kommanditgesellschaft gilt.

oder unsittlich handeln, nur der einzelne Mensch vermag zwischen Gut und Böse zu unterscheiden und zu wählen. Zwar können auch Personenmehrheiten — kraft ihrer Organisation und ihres eigenen Willens — als solche rechtmäßig oder unrechtmäßig, aber sie können niemals sittlich oder unsittlich handeln; denn erst die innere Stellung, nicht die äußere Handlungsweise kennzeichnet den Wert oder Unwert einer Tat. Demgegenüber vertrat Kohler[152]) die Ansicht, daß auch die Handlungsweise juristischer Personen sittlich oder unsittlich sein könne, da sich aus der Gleichmäßigkeit der Verwaltung und der Tradition allmählich ein einheitlicher Kreis von Maximen feststellen lasse, der eine sittliche Schätzung der Gesellschaft ermögliche. Aber man darf von der nach außen hervortretenden Handlung und den sich allmählich bildenden Maximen des Handelns her keine sittliche Bewertung vornehmen[153]).

3. Wenn mithin nur der einzelne unsittlich handeln und dadurch schuldig werden kann, dann darf die verwirkte Strafe auch nur ihn treffen, nicht die Gemeinschaft, der er angehört und für die er tätig ist. Einer Verbandsstrafe stehen dogmatisch unüberwindliche Hindernisse entgegen[154]). „Sozialethische Persönlichkeitsbewertung, wie sie mit dem Wesen echter Kriminalstrafe verbunden ist, hat nur in der sittlich-autonomen einzelmenschlichen Persönlichkeit ihr Beziehungsobjekt. In dieser Hinsicht kann niemand einen anderen, vor allem auch nicht einen Personenverband repräsentieren. Wird also an der Voraussetzung materieller Schuld bei der Kriminalstrafe festgehalten, so ist kriminelle Bestrafung eines Personenverbandes nicht möglich[155]).“

4. Im Gegensatz dazu sind Maßnahmen, die keine diffamierende Strafe für sittlich vorwerfbare Schuld enthalten, auch gegenüber Personengemeinschaften möglich. Gemäß § 43 BGB kann einem Verein, der das Gemeinwohl gefährdet, die Rechtsfähigkeit entzogen werden; nach § 288 AktG[156]) und § 62 GmbHG können Gesellschaften bei gemeinschädlichem Verhalten aufgelöst werden. Abgesehen von diesen verwaltungsrechtlichen Maßnahmen können den Handelsgesellschaften auch Geldbußen auferlegt werden, § 5 WStrG und § 41 KartG; denn der Anwendungsbereich der Geldbuße liegt dort, „wo sich jemand in seinem Gehorsam gegen konkrete staatliche Befehle

---

[152]) Vgl. Kohler GA 47, S. 142; ähnlich auch Hälschner, S. 168 f.; Bless, S. 80; v. Niesewand, S. 27; Rotberg, S. 224.

[153]) Vgl. Schrader, S. 30 f.

[154]) So entscheidet die ganz herrschende Meinung; vgl. zum Beispiel RG 16, S. 121 ff. (123); RG 28, S. 103 ff. (105); RG 33, S. 261 ff. (264); Kratz, S. 43; Frank, Einl. Bestimmungen III 1, S. 4; Gerland, S. 92; Schönke-Schröder Vorbem. VI 1 vor § 47; Kohlrausch-Lange Vorbem. D vor § 13, S. 72 f.; Lange JZ 1952, S. 261 ff.; Maurach I, S. 124 f.

Die Deliktsfähigkeit von Personenverbänden bejahen: Rotberg, S. 193—228; v. Weber JZ 1960, S. 549.

[155]) Haertel-Joel-Schmidt, S. 32. Mit Recht sieht der Entwurf 1960 keine Strafe gegen Verbandspersonen vor; die §§ 109 Absatz III und 120 im Entwurf 1960 erweitern lediglich die Vorschriften über Verfall und Einziehung.

[156]) Lange JZ 1952, S. 262 sieht gerade in dieser Vorschrift eine eindeutige Absage gegen die sittliche Verantwortlichkeit von Personenverbänden.

der Verwaltungsstellen lässig erweist, wo sein Verhalten einen Anruf, eine Warnung, einen verstärkten Befehl, nicht aber eine ethische Belastung seiner Persönlichkeit herausfordert. Gerade darum kann ein solcher Anruf auch an einen Personenverband ergehen"[157]).

II. Da Personenverbände selbst keine Delikte begehen können, so ist die Lehre, die den Handelsgesellschaften strafrechtlichen Ehrenschutz gerade wegen dieser Deliktsunfähigkeit versagen will, nur durch den Nachweis zu widerlegen, daß keine „Wechselwirkung" zwischen aktiver und passiver Beleidigungsfähigkeit besteht.

Es wäre unrichtig, wollte man behaupten, daß eine Handelsgesellschaft, die als solche niemals Subjekt einer Straftat sein kann, umgekehrt auch in keinem Fall Objekt einer strafbaren Handlung sein könne. Es ist allgemein anerkannt, daß durch Eigentums- und Vermögensdelikte auch die handelsrechtlichen Verbände verletzt werden können[158]). Die Gesellschaften des Handelsrechts sind selbst gegen Vergehen wie Hausfriedensbruch und Verletzung des Briefgeheimnisses geschützt, durch die immaterielle Rechtsgüter beeinträchtigt werden. Freilich kann gegen eine Gesellschaft keine Straftat begangen werden, deren spezifischer Unrechtsgehalt in einem Angriff auf die sittliche Würde des Menschen liegt[159]). Die die Ehre eines anderen verletzende Beleidigung zählt indessen nicht zu diesen Delikten; denn die Ehre als Anspruch auf Achtung beruht eben nicht oder zumindest nicht ausschließlich auf sittlichen, sondern auch auf sozialen Werten. Wo sich — wie etwa bei den Handelsgesellschaften — der Anspruch auf Achtung naturgemäß nur auf soziale Werte gründet, dort besteht kein innerer Zusammenhang zwischen Ehre und Schuld. Der Satz: „Wo Schuld nicht möglich ist, kann auch keine Ehre sein"[160]), ist ein Fehlschluß. Dies ergibt sich auch aus der Erwägung, daß absolut schuldunfähige Kinder und Geisteskranke strafrechtlichen Ehrenschutz genießen[161]).

---

[157]) Haertel-Joel-Schmidt, S. 32.

[158]) Im § 265 wird das besonders klar, da der geschädigte Versicherer regelmäßig eine Handelsgesellschaft sein wird.

[159]) Insoweit hat Schwarze recht, wenn er auf S. 493 sagt: „... so kann gegen sie (die Corporation) als solche nicht ein Verbrechen verübt werden, dessen specifischer Charakter in der Beziehung auf die sittliche Würde des Menschen, nicht zum Beispiel auf das Vermögen, liegt." Ihm muß aber widersprochen werden, wenn er die Beleidigung zu jenen Delikten zählt, die ausschließlich die sittliche Würde des Menschen angreifen. Vgl. in diesem Zusammenhang auch Zimmermann GA 25, S. 100.

[160]) Schrader, S. 15.

[161]) Ohne jede Einschränkung wollen den Kindern und Geisteskranken Ehrenschutz gewähren: Kohler GA 47, S. 140; Meyer-Allfeld, S. 371; Gerland, S. 492; Bless, S. 11; Mezger, S. 98; Kohlrausch-Lange Vorbem. III vor § 185; Maurach II, S. 119; vgl. auch RG 27, S. 366 ff. (368). Diese Ansicht vertritt auch der Bundesgerichtshof, wenn er in BGH NJW 1951, S. 368 ausspricht: „Es gehört nicht zum

Aktive und passive Beleidigungsfähigkeit sind daher klar voneinander zu trennen. Es ist kein Widerspruch, wenn man die Gesellschaften des Handelsrechts zwar nicht als Subjekt, wohl aber als Objekt ehrverletzender Äußerungen anerkennt[162]). Dieses Ergebnis folgt notwendig aus dem wesensmäßigen Unterschied zwischen Schuld und Ehre.

§ 5
Einzelheiten über den Ehrenschutz der Handelsgesellschaften

Die Erörterungen haben bisher gezeigt, daß alle Handelsgesellschaften Träger eigener Ehre sind. Es wurde indessen noch nichts darüber ausgesagt, in welcher Form, welchem Umfang nach und für welche Dauer die handelsrechtlichen Verbände Ehrenschutz genießen. Rechtsprechung und Rechtslehre haben sich mit diesen Fragen wenig beschäftigt, obgleich sie für jeden, der die passive Beleidigungsfähigkeit der Handelsgesellschaften anerkennt, sehr naheliegend und nicht minder wichtig sind.

I. Hierbei gilt es zunächst zu erläutern, nach welchen Vorschriften im Vierzehnten Abschnitt des Strafgesetzbuchs die Handelsgesellschaften geschützt werden.

Im Schrifttum[163]) ist zum Teil die Ansicht geäußert worden, daß die Gesellschaften des Handelsrechts nur gegen üble Nachrede und Verleumdung, nicht aber gegen einfache Beleidigung zu schützen seien. Ob diese Lehre dogmatisch richtig ist, darf erst entschieden werden, wenn man festgestellt hat, welche ehrverletzenden Angriffe den Tatbestand des § 185 erfüllen und welche als Straftaten gemäß §§ 186, 187 zu werten sind.

1. Unterscheidet man die Ehrverletzungen nach der Art des angewandten Mittels, so ergibt sich folgende Einteilung[164]):

Der Tatbestand des § 185 erfaßt diejenigen Handlungen eines Täters, welche einen anderen durch Form, Ausdruck oder Gestalt der Äußerung beleidigen, d. h. alle sogenannten Formbeleidigungen wie zum Beispiel Schimpfworte oder verächtlichmachende Handlungen. Eine Straftat gemäß § 185 begeht auch, wer durch ein negatives Urteil seine Mißachtung kundgibt, gleichgültig ob dies gegenüber dem Beleidigten oder einem Dritten geschieht.

äußeren Tatbestand der Beleidigung ..., daß die betroffene Person die Tat als Beleidigung verstanden und empfunden hat."

Einschränkend äußern sich zum Beispiel Liepmann VDB IV, S. 334—338; Welzel, S. 264; Sauer, S. 352. Strafrechtlichen Ehrenschutz verneinen insoweit: v. Bar GS 52, S. 182 und Wachenfeld, S. 354.

[162]) Viele Autoren verneinen die Deliktfähigkeit, bejahen indessen die passive Beleidigungsfähigkeit von Personenverbänden.

Vgl. zum Beispiel: Frank, Einl. Bestimmungen III 1, S, 4 und Vorbem. II 4 vor § 185; Gerland, S. 92 und S. 492; Kohlrausch-Lange Vorbem. D vor § 13 und Vorbem. III vor § 185; Schönke-Schröder Vorbem. VI 1 vor § 47 und Vorbem. III vor § 185; Maurach I, S. 124 f. und Maurach II, S. 121.

[163]) Vgl. Liepmann VDB IV, S. 350; Eisler, S. 116 ff.; Jungbluth, S. 25 f.

[164]) Diese Einteilung findet sich zum Beispiel bei Sauer, S. 364 ff.

Wenn jemand Tatsachen der im § 186 gekennzeichneten Art nur gegenüber dem Verletzten selbst behauptet, so macht er sich ebenfalls nur einer einfachen Beleidigung schuldig[165]). Zu den Straftaten gemäß § 185 zählen mithin neben der Formbeleidigung auch die materiellen Beleidigungen, die durch den Inhalt der Äußerung — Urteil oder Tatsachenbehauptung — verletzen. Vergehen im Sinne des § 185 ist schließlich die mittels einer Tätlichkeit begangene Beleidigung.

Demgegenüber sind üble Nachrede und Verleumdung nur dort möglich, wo ehrenrührige Tatsachen — zumindest auch — gegenüber dritten Personen behauptet werden[166]).

2. Wer mit der herrschenden Lehre den strafrechtlichen Ehrbegriff nicht einheitlich definiert und in § 185 Ehrbewußtsein, Ehrgefühl und Ehrwillen, in den §§ 186, 187 dagegen äußere Geltung und guten Ruf schützen will[167]), muß folgerichtig einer jeden Personengemeinschaft, also auch den Handelsgesellschaften, den Schutz gemäß § 185 versagen. Denn eine Gesellschaft hat als solche weder ein eigenes Ehrbewußtsein noch ein eigenes Ehrgefühl noch einen eigenen Ehrwillen; Gefühlsverletzungen einer Organisation sind undenkbar. Diesen Schluß, daß Personenmehrheiten durch beleidigende Äußerungen nur gemäß §§ 186, 187 verletzt werden könnten, ziehen allerdings — von ihrem Standpunkt aus konsequent — nur wenige Anhänger der sogenannten Aliudtheorie[168]). Die meisten Vertreter dieser Lehre[169]) erörtern, sofern sie den Ehrenschutz von Gemeinschaften überhaupt bejahen, nicht die Frage, ob den Gemeinschaften auch der Schutz gemäß § 185 zu gewähren ist. Nach ihrer eigenen Definition des Ehrbegriffs müßten sie das ablehnen.

Wer jedoch das Wesen der strafrechtlichen Ehre in dem Anspruch auf Achtung sieht[170]), darf die Möglichkeit einer einfachen Beleidigung gegenüber Handelsgesellschaften nicht mit dem Hinweis darauf verneinen, daß eine Personengesamtheit nicht Träger des im § 185 geschützten Rechtsgutes sein könne. Denn alle Ehrverletzungen gegenüber einem handelsrechtlichen Verband treffen dasselbe Angriffsobjekt, nämlich den berechtigten Anspruch auf Achtung.

3. Es gibt auch sonst keine stichhaltigen Gründe gegen die Möglichkeit einer einfachen Beleidigung gegenüber Handelsgesellschaften. Richtig ist die

---

[165]) Ein Vorhalten von Tatsachen gegenüber dem Verletzten ist in der Regel eine Beleidigung nach § 185 auch dann, wenn Dritte zugegen sind; richtet sich die Äußerung auch an diese, so ist Idealkonkurrenz zwischen §§ 185 und 186 möglich; vgl. Schönke-Schröder, § 185 Anm. I. Vgl. in diesem Zusammenhang auch die Urteile des Reichsgerichts: RG 41, S. 61 ff. (65 f.); RG 65, S. 358 f.

[166]) Die §§ 186, 187 behandeln nur materielle Beleidigungen, aber auch insoweit nur Tatsachenbehauptungen.

[167]) Vgl. oben § 2 I.

[168]) Vgl. Liepmann VDB IV, S. 350; Eisler, S. 116 ff.; Jungbluth, S. 25.

[169]) Vgl. Frank Anmerkungen zu §§ 185 ff.; Kohlrausch-Lange Anmerkungen zu §§ 185 ff. und viele andere.

[170]) Daß nur diese Definition des Ehrbegriffs richtig ist, wurde oben § 2 I, nachgewiesen.

von einigen Autoren[171]) geäußerte Ansicht, daß es gegenüber Personengemeinschaften keine tätlichen Beleidigungen gibt. Darunter versteht man jede Beleidigung, die sich unmittelbar gegen den Körper des Angegriffenen richtet[172]). Verletzter kann hier nur eine natürliche Person sein, ein Verband selbst dann nicht, wenn seine Mitglieder — etwa die Geschäftsführer einer Handelsgesellschaft — tätlich beleidigt werden. „Die Reflexion auf die Gesamtpersönlichkeit“[173]) ist insoweit unmöglich.

4. Im Schrifttum wurde vereinzelt auch die Meinung vertreten, daß Formbeleidigungen gegenüber Personengesamtheiten undenkbar seien. Man hält es für sinnlos, „wollte man in dem Falle, daß jemand das Gebäude einer Gesellschaft in beleidigender Absicht anspuckt, eine Ehrenkränkung der Gesellschaft selbst erblicken“[174]), und schließt daher jede Art der Formbeleidigung gegenüber einer Gesellschaft aus. Indessen zu Unrecht. Zwar werden sich bloße Beschimpfungen meist gegen natürliche Personen richten, nur selten gegen einen Personenverband als solchen; denn die meisten Schimpfworte passen nicht auf ihn. Doch ist aus diesem Grunde eine Formalbeleidigung von Handelsgesellschaften nicht schlechthin unmöglich. Handelsrechtliche Gesellschaften können durch Beschmutzen oder durch eine andere schimpfliche Behandlung ihrer Waren und Fabrikzeichen sehr wohl beleidigt werden, ebenso in der Weise, daß jemand ihren Namen ins Lächerliche oder Anzügliche verdreht, um dadurch die Gesellschaft verächtlich zu machen. Es ist auch möglich, daß eine Gesellschaft durch Form und Zustand eines an sie gerichteten Schreibens — etwa durch einen bis zur Unleserlichkeit verschmierten Geschäftsbrief — beleidigt wird, ohne daß gerade der Inhalt des Schriftstücks Schmähungen enthält. Wenn man die handelsrechtlichen Verbände als Träger eigener Ehre anerkennt, so ist nicht einzusehen, warum ihre Ehre gegen derartige Formalbeleidigungen ungeschützt bleiben sollte.

5. In der Rechtslehre ist zum Teil auch die Ansicht geäußert worden, materielle Beleidigungen gemäß § 185, d. h. jene, die durch ihren Inhalt verletzen, seien gegenüber Personenmehrheiten undenkbar.

Um diese Lehre zu rechtfertigen, hat man behauptet, daß sich nur derjenige Täter nach § 185 strafbar mache, der seine Mißachtung dem Beleidigten selbst gegenüber kundgibt; ein Personenverband könne nicht unter vier Augen beleidigt werden, selbst dann nicht, wenn die ehrverletzende Äußerung nur vor einem Mitglied — etwa dem Geschäftsführer einer Gesellschaft — ausgesprochen werde[175]). Diese Lehre ist unrichtig.

Für die eine Gruppe der materiellen Beleidigungen gemäß §185 — die „negativen Werturteile“[176]) — kommt es nicht entscheidend darauf an, ob

---

[171]) Vgl. zum Beispiel Zimmermann GA 25, S. 97; Ambach, S. 7.

[172]) Vgl. zum Beispiel Schönke-Schröder, § 185 Anm. VIII.

[173]) Ambach, S. 7.

[174]) Jungbluth, S. 25.

[175]) Vgl. Eisler, S. 118.

[176]) Schönke-Schröder, § 185 Anm. I.

der Täter sie in An- oder Abwesenheit dritter Personen ausspricht[177]). Durch ein abfälliges Urteil über eine Handelsgesellschaft kann jemand eine strafbare Handlung im Sinne des § 185 auch dann begehen, wenn er seine Mißachtung einem Außenstehenden gegenüber, der nicht Mitglied der Gesellschaft ist, erkennbar zum Ausdruck bringt.

Für die Behauptung von Tatsachen, die geeignet sind, eine Gesellschaft verächtlich zu machen oder in der öffentlichen Meinung herabzuwürdigen, kann indessen ein Täter gemäß § 185 nur bestraft werden, wenn sich seine Äußerung nicht an dritte Personen richtet[178]). Eine Strafe aus § 185 darf nicht verhängt werden, wenn jemand fremden Personen gegenüber Tatsachen über einen handelsrechtlichen Verband behauptet. Anders ist jedoch zu entscheiden, wenn er dies ausschließlich vor Mitgliedern der betroffenen Gesellschaft tut. Der Ansicht, daß jedes Mitglied der Gesellschaft „wegen seiner besonderen Stellung ein Teil des Ganzen und doch wieder Außenstehender"[179]) sei, darf nicht das Wort geredet werden. Wenn nicht die Mitglieder als einzelne Personen, sondern der durch sie gebildete Verband als Gesamtheit beleidigt ist, so dürfen die Gesellschafter auch nicht in bezug auf die Kenntnisnahme von der Beleidigung als einzelne, als unter sich und gegenüber der Gesamtheit verschiedene, als dritte Personen angesehen werden. Die Mitglieder des Verbandes sind alsdann in jeder Beziehung eine Personenmehrheit, gleich ob der beleidigende Vorwurf selbst oder die Kenntnisnahme von der Beleidigung zu beurteilen ist[180]).

II. Um materielle Beleidigungen gegenüber einer Gesellschaft handelt es sich nur dort, wo die Gesamtheit als solche in ihrer Ehre angegriffen wird.

1. Äußerungen, die trotz ihrer allgemeinen Bezeichnung nur ein Verdickt über Tätigkeit oder Eigenschaften einzelner Mitglieder enthalten, beleidigen auch nur diese[181]). Um einen Angriff auf die Gesamtheit handelt es sich

---

[177]) So entscheidet die herrschende Lehre; vgl. statt vieler: Schönke-Schröder, § 185 Anm. I.

[178]) Vgl. Anmerkung 165.

[179]) Jungbluth, S. 26; vgl. auch Eisler, S. 115: „Die Organisation hebt gewissermaßen ein Stück aus ihm (dem Mitglied) heraus und verselbständigt es mit analogen Stücken der anderen Mitglieder in solcher Weise, daß der einzelne zugleich Bestandteil und Außenstehender ist."

[180]) Vgl. in diesem Zusammenhang auch, was das Reichsgericht in RG 7, S. 285 ff. (286) über die Beleidigung einer Behörde (eines Amtsgerichts) aussagt: „Sofern eine Behörde, welche aus mehreren Personen besteht, als beleidigt erachtet wird, kommt dieselbe in jeder Beziehung als Personeneinheit in Betracht." Das Reichsgericht bejaht hier eine Straftat gemäß § 185, „wenn die Beleidigung zwar zur Kenntnis der mehreren, die Behörde bildenden, nicht aber auch anderer außerhalb der Behörde stehenden Personen gelangt ist"; RG 7, S. 285.

[181]) Man spricht in diesen Fällen von sogenannter Kollektivbeleidigung, die von der Beleidigung einer Kollektivperson sehr wohl zu trennen ist; hier wird nicht eine Gesamtheit als solche, sondern eine Vielzahl von Einzelpersonen unter einer Gesamtbezeichnung beleidigt.

Vgl. dazu zum Beispiel Frank Vorbem. III vor § 185; Kohlrausch-Lange Vorbem. III vor § 185; Schönke-Schröder Vorbem. IV vor § 185.

erst dann, wenn die Behauptung jener Ehrenmängel einen für den Verband selbst belastenden Schluß ermöglicht oder gar herausfordert: der Vorwurf muß sich entweder unmittelbar oder mittelbar gegen die Gesellschaft richten. Ein handelsrechtlicher Verband kann auch durch Äußerungen beleidigt werden, die unmittelbar die Ehre eines seiner Mitglieder verletzen, sofern die Beleidigung nach Inhalt, Zielrichtung und Erfolg mittelbar auch das Unternehmen als solches trifft[182]). Hierbei bleibt jedoch zu beachten, daß nicht jeder Angriff auf die Ehre eines einzelnen Mitgliedes zugleich die Ehre des Verbandes verletzt. Ehrenrührige Aussagen über einen Gesellschafter, der als solcher nach außen gar nicht in Erscheinung tritt — etwa über den unbekannten Aktionär X — sind nicht geeignet, die Ehre der Gesellschaft zu beeinträchtigen. Selbst der Täter, der einen Geschäftsführer oder ein Vorstandsmitglied beschimpft, greift damit nicht in jedem Fall die Ehre des Verbandes an, zum Beispiel dann nicht, wenn seine Aussage sich auf den privaten Lebensbereich der betroffenen Person bezieht. Es wäre indessen unrichtig, wollte man das Urteil über die Gesamtheit völlig unabhängig von dem Urteil über die einzelnen werten[183]). Behauptet etwa jemand, daß eine Aktiengesellschaft ein Vorstandsmitglied trotz seiner zahlreichen Vorstrafen oder trotz seiner Dummheit nicht entlassen habe, so wird dadurch auch die Gesellschaft beleidigt. Allgemeine Regeln darüber, ob nur die einzelnen Mitglieder oder zugleich auch der Verband durch eine ehrverletzende Äußerung getroffen werden, lassen sich nicht aufstellen. Für die oft schwierige Lösung dieser Frage werden indessen folgende Hinweise nützlich sein: werden die beleidigenden Worte im Anschluß an ein bestimmtes Ereignis innerhalb der Gesellschaft ausgesprochen, so werden regelmäßig die Handelnden persönlich gemeint sein. Setzt sich die Handelsgesellschaft nur aus wenigen Gesellschaftern zusammen, die dem Täter bekannt sind, so werden ebenfalls nur die Mitglieder persönlich betroffen sein. Gehört dem Verband ein großer Kreis von Personen an oder wird ein Urteil über die Verbandstätigkeit während einer längeren Zeitdauer gefällt, so wird auch die Gesamtheit in ihrer Ehre verletzt sein.

2. Im Schrifttum ist häufig behauptet worden, materielle Ehrverletzungen gegenüber einer Gesamtpersönlichkeit seien aus dem Grunde bloß in beschränktem Umfange denkbar, weil man eine Gesamtheit nur durch solche Urteile oder Tatsachenbehauptungen beleidigen könne, die etwas über den besonderen Zweck oder Wirkungskreis der Gemeinschaft aussagen; Zweck und Wirkungsweise seien aber in aller Regel sehr begrenzt[184]).

Wäre diese Ansicht richtig, so müßte man den Ehrenschutz der Handelsgesellschaften stark einengen. Eine Aktiengesellschaft, die einen Film-Verleih

---

[182]) Über die Möglichkeit einer mittelbaren Beleidigung, vgl. zum Beispiel Frank Vorbem. III vor § 185.

[183]) In diesem Sinne äußern sich jedoch Dohna, Graf zu, DJZ 1925, S. 1028 und Liepmann VDB IV, S. 350 f.

[184]) Vgl. zum Beispiel Zimmermann GA 25, S. 102; Bickert, S. 37; Hammeley, S. 49; van Calker DJZ 1902, S. 278.

betreibt, könnte demnach in ihrer Ehre nur durch Vorwürfe getroffen werden, die sich auf das von ihr ausgeübte Gewerbe beziehen, etwa durch die Behauptung, die Gesellschaft verleihe bloß schlechte, sittlich anstößige Filme. Eine Gesellschaft mit beschränkter Haftung, die Inhaberin eines Zeitungsverlags ist, könnte nur durch ehrverletzende Angriffe auf ihre Verlegertätigkeit beleidigt werden, etwa durch Beschimpfungen wie Preßköter, Kommunistenzeitung, Radaublatt und dergleichen.

Die Lehre, die den strafrechtlichen Ehrenschutz in dieser Weise abschwächen will, ist dogmatisch unhaltbar[185]). Der Erste Strafsenat des Bundesgerichtshofs hat im Ausgangsurteil den Ehrenschutz von Handelsgesellschaften nicht derart zu beschränken versucht. Er hat der Verlagsgesellschaft nicht nur deshalb Schutz nach §§ 185 ff. gewährt, weil der gegen sie erhobene Vorwurf politischer Bestechlichkeit ihre Stellung als Preßorgan beeinträchtigte. Man darf aus der Entscheidung dieses konkreten Einzelfalles nicht den allgemeinen Satz herleiten, die Handelsgesellschaften seien nur in den Grenzen des von ihnen betriebenen Gewerbes passiv beleidigungsfähig. Äußerungen in bezug auf den speziellen Wirkungskreis einer Gesellschaft sind zwar die häufigsten, aber nicht die einzig denkbaren Beleidigungen gegenüber handelsrechtlichen Verbänden. Eine Gesellschaft wird in ihrem Anspruch auf Achtung auch dann beeinträchtigt, wenn ihr — der Wahrheit zuwider — etwa nachgesagt wird, sie zahle keine gerechten Löhne, sie hinterziehe Steuern oder sie schädige die Volkswirtschaft zu ihrem eigenen Nutzen. Selbst derjenige Täter, welcher eine Handelsgesellschaft ein Schwindel- oder Spitzbubengeschäft schimpft, beleidigt die Gesamtpersönlichkeit; denn mit diesem Vorwurf bestreitet er nicht nur die sittlichen Qualitäten der einzelnen Mitglieder, sondern zugleich den sozialen Wert des Verbandes.

Mithin greift jemand durch Urteil oder Tatsachenbehauptung die Ehre einer Handelsgesellschaft immer dann an, wenn er ihr die Fähigkeit zur Erfüllung sozialer Aufgaben abspricht und dadurch ihre soziale Achtbarkeit anzweifelt oder gar verneint.

III. Die Erörterung von Form und Inhalt der Beleidigungen hat gezeigt, daß die Handelsgesellschaften gegen fast alle Arten der Ehrverletzungen genau so zu schützen sind wie die natürlichen Personen; nur tätliche Beleidigungen sind gegenüber handelsrechtlichen Verbänden undenkbar; formelle und materielle Beleidigungen sind dagegen gemäß §§ 185, 186, 187 gegenüber Handelsgesellschaften möglich, wenn auch mit gewissen — aus der Natur der Sache sich ergebenden — Einschränkungen.

Es bleibt zu erläutern, ob und inwieweit sich in zeitlicher Hinsicht der Ehrenschutz handelsrechtlicher Verbände von dem natürlicher Personen unterscheidet.

1. Manche der älteren Autoren vertreten den Standpunkt, man müsse den Personengemeinschaften strafrechtlichen Ehrenschutz schon deshalb ver-

---

[185]) Schon Gerland GS 110, S. 34 Anm. 87 hält diese Einschränkung für „nicht empfehlenswert"; v. Niesewand, S. 44 weist auf die Schwierigkeit hin „festzustellen, inwieweit eine Beleidigung den Zweck einer juristischen Person berührt".

sagen, weil andernfalls der Gesamtheit — im Gegensatz zum Individuum — zeitlich unbegrenzter Schutz gewährt würde. „Die Ehre einer physischen Person wird nur während des Lebens derselben, also zeitlich beschränkt, geschützt. Die Ehre einer juristischen Person würde aber, da die letztere eine dauernde ist, einen zeitlich unbeschränkten und stärkeren Schutz genießen[186]." Richtig an dieser Ansicht ist jedoch nur, daß die Ehrfähigkeit und damit der Ehrenschutz einer natürlichen Person mit deren Tod endet[187]; im übrigen hält dieser Einwand kritischer Betrachtung nicht stand. In dem zeitlich weitergehenden Schutz liegt keine Inkonsequenz, vielmehr eine natürliche Folge der längeren „Lebensdauer" einer Gemeinschaft. „Solange eine juristische Person besteht, ist sie schutzberechtigt. Daß ihre Existenz häufig länger währt als die der natürlichen Person, wird auch bei Ausübung der übrigen Rechte unbedenklich in Kauf genommen und ist gerade ein Grund, der zur Schaffung von Verbänden, besonders juristischen Personen, geführt hat[188]."

2. Der Hinweis, daß Personenmehrheiten, wenn sie als Träger eigener Ehre anerkannt werden, dann auch in jedem Falle gegen ehrverletzende Angriffe auf ihre Vergangenheit geschützt werden müßten[189], ist gleichfalls unrichtig. Derartige Äußerungen sind nur dann als Beleidigungen der Gesamtheit zu werten, wenn ihnen eine Wirkung auch für die Gegenwart beigelegt werden kann; es muß immer geprüft werden, ob ein Angriff auf die Vergangenheit auch die Ehre der jetzigen Gemeinschaft verletzt. Wo das bejaht werden darf, ist der Täter allerdings wegen Beleidigung der Gesamtheit zu bestrafen[190].

3. Die passive Beleidigungsfähigkeit einer Handelsgesellschaft beginnt in dem Zeitpunkt, da die Rechtsordnung die Existenz des Verbandes anerkennt. Im Schrifttum ist zu dieser Frage vereinzelt die Ansicht geäußert worden, daß alle Personengesamtheiten mit privatrechtlicher Sphäre erst vom Zeitpunkt der Entstehung der juristischen oder relativen juristischen Persönlichkeit[191] an beleidigt werden könnten. „Vor Erlangung der Rechtspersönlichkeit kann eine Äußerung diesen Gesamtheiten gegenüber nicht Beleidigung, sondern höchstens eine Kreditgefährdung oder Betriebsschädigung, wenn auch

---

186) Wachenfeld, S. 355; vgl. auch v. Bar GS 52, S. 190.

187) Vgl. v. Buri, S. 9; Frank, § 189 I; Bertelsen, S. 23; Sauer, S. 353; Schaefer LK II, § 189 Anm. I; Schönke-Schröder, § 189 Anm. I; Dreher-Maassen, § 189 Anm. 1; anderer Meinung Mezger, S. 99 und Welzel, S. 271.

188) v. Niesewand, S. 21.

189) Vgl. v. Bar GS 52, S. 190: „... so muß auch als Beleidigung der juristischen Person gestraft werden, jedenfalls eine unwahre, ohne gehörige Beweisunterlage gemachte historische (an sich ehrenrührige) Behauptung über irgendeine Handlung einer noch jetzt bestehenden Behörde (oder juristischen Person), obschon diese Handlung einem früheren Jahrhundert angehörte und selbst die Enkel sämtlicher in Betracht kommender Personen längst verstorben sind."

190) Vgl. Bless, S. 85.

191) Über den Begriff der relativen juristischen Persönlichkeit vgl. die Ausführungen oben, § 3 II.

eine nicht verfolgbare darstellen. Eine Klage wegen Beleidigung aus der Zeit der Nichtrechtsfähigkeit kann auch von dem inzwischen rechtsfähig gewordenen Verein nicht erhoben werden[192]).“ Diese Lehre überzeugt nicht.

Die Tatsache, daß eine Handelsgesellschaft rechtsfähig oder nur in beschränktem Umfang rechtsfähig ist, entscheidet weder über die Frage, ob die Gesellschaft überhaupt beleidigt werden kann[193]), noch darüber, von welchem Zeitpunkt an ihr strafrechtlicher Ehrenschutz zu gewähren ist; die rechtliche Erscheinungsform einer Handelsgesellschaft ist auch für den Beginn ihres Ehrenschutzes unwichtig. Ein handelsrechtlicher Verband wird Träger eigener Ehre, sobald er organisiert ist und somit kraft eigener Willens- und Handlungsfähigkeit rechtlich anerkannte, soziale Funktionen ausübt. Der Schutz gemäß §§ 185 ff. ist einer Handelsgesellschaft folglich nicht erst vom Zeitpunkt ihrer Entstehung[194]) an, sondern bereits vor der Eintragung in das Handelsregister zu gewähren. Auch die rechtlich noch nicht entstandene, aber bereits errichtete[195]) Handelsgesellschaft besitzt eigene Ehre, da sie organisiert und schon mit sozialen Aufgaben betraut ist. Demnach sind die sogenannten Vorgesellschaften[196]) passiv beleidigungsfähig: der vor Eintragung der Aktiengesellschaft oder der Gesellschaft mit beschränkter Haftung bestehende nichtrechtsfähige Verein und die vor Eintragung der Offenen Handelsgesellschaft oder Kommanditgesellschaft bestehende Gesellschaft des bürgerlichen Rechts. Bei ihnen handelt es sich um „dieselbe Vergesellschaftung, nur in einem anderen Entwicklungsabschnitt“[197]); aus den Vorgesellschaften entwickeln sich dann im Zeitpunkt der Eintragung in das Handelsregister — unter Wahrung der Identität — die eigentlichen Handelsgesellschaften[198]). Diese nichtrechtsfähigen Vereine und Gesellschaften des bürgerlichen Rechts genießen strafrechtlichen Ehrenschutz, im Gegensatz zu den meisten nichtrechtsfähigen Vereinen und bürgerlich-rechtlichen Gesellschaften — zum Beispiel Wettgemeinschaften, Skat- und Kegelklubs —, die nicht organisiert und daher nicht ehrfähig sind.

4. Der strafrechtliche Ehrenschutz einer Handelsgesellschaft endet nicht schon mit dem Eintritt von Bedingungen, die die Auflösung der Gesellschaft bewirken. Denn die im Gesetz erwähnten Auflösungsgründe führen nicht

---

[192]) Hammeley, S. 51.

[193]) Vgl. dazu oben, § 3 II.

[194]) Der handelsrechtliche Verband entsteht mit der Eintragung ins Handelsregister; vgl. § 34 Absatz I AktG, § 11 Absatz I GmbHG, § 123 Absatz I HGB.

[195]) Die Aktiengesellschaft ist mit Übernahme aller Aktien errichtet, § 22 Absatz I AktG. Für die Stufengründung beachte auch § 30 Absatz VI AktG. Die Gesellschaft mit beschränkter Haftung wird errichtet durch die Feststellung der Satzung und die Übernahme sämtlicher Stammeinlagen, §§ 2, 5 GmbHG. Die Offene Handels- und die Kommanditgesellschaft sind mit Abschluß des Gesellschaftsvertrages errichtet.

[196]) Über die Rechtsnatur der Vorgesellschaften vgl. Lehmann, S. 106, 150, 224 und 294.

[197]) Lehmann, S. 225.

[198]) Lehmann, S. 225.

unmittelbar den Untergang des Verbandes herbei; sie wandeln vielmehr die werbende Gesellschaft in eine Abwicklungsgesellschaft um, wobei auch hier die Identität gewahrt bleibt. Da die Gesellschaft im Stadium der Liquidation noch organisiert ist[199]) und weiterhin soziale Aufgaben erfüllt, ist sie auch während der Abwicklung gegen widerrechtliche Schmähungen zu schützen. Erst wenn die Gesellschaft erlischt[200]), hört sie auf, Träger eigener Ehre zu sein. Die aufgelöste, erloschene Gesellschaft kann — wie der Verstorbene — nicht mehr beleidigt werden.

Das gilt selbst dann, wenn der Verband nicht durch Liquidation, sondern durch Fusion[201]) aufgelöst wird. Für den Ehrenschutz einer bereits aufgelösten Gesellschaft fehlt jegliches Rechtsschutzinteresse[202]); zudem ist kein Organ mehr vorhanden, das Strafantrag stellen und Privatklage erheben könnte. In derartigen Fällen muß jedoch immer geprüft werden, ob nicht die neugeschaffene oder aufnehmende Gesellschaft dadurch beleidigt wird, daß jemand etwas an sich Ehrenrühriges über die aufgelösten oder aufgenommenen Gesellschaften aussagt.

5. Die passive Beleidigungsfähigkeit einer jeden Handelsgesellschaft dauert demnach ebensolange wie ihre von der Rechtsordnung anerkannte Existenz: von der Errichtung bis zur Auflösung. Während dieser ganzen Zeit ist sie organisiert und daher imstande, die ihr zugedachten Aufgaben zu erfüllen.

Eine Änderung des Namens und eine Erweiterung oder Einschränkung des Aufgabenkreises sind für die Fortdauer ihres Ehrenschutzes belanglos. Auch ein etwaiger Wechsel der Mitglieder ändert nichts an der Ehrfähigkeit eines Verbandes. Für die Beleidigung einer Handelsgesellschaft ist es unwesentlich, ob alte Mitglieder ausgeschieden und neue aufgenommen worden sind; denn die alte Gesellschaft besteht in entsprechender Erweiterung oder Verengerung fort, trotz des Mitgliederwechsels ist ihre Identität gewahrt[203]). Der Täter beleidigt mithin eine Handelsgesellschaft auch dann, wenn sich diese nicht mehr in derselben Weise zusammensetzt wie zu der Zeit, auf die sich die ehrverletzende Äußerung bezieht[204]). Da eine Handelsgesellschaft trotz des Wechsels der Mitglieder ihr „eigenes Gesicht“, ihre durch Tradition erworbene Haltung bewahrt, so bleibt ihr auch der Anspruch auf Achtung,

---

[199]) Vgl. dazu die §§ 205—215 AktG, §§ 60—74 GmbHG und §§ 145—158 HGB.

[200]) Nach Beendigung der Liquidation erlischt die Gesellschaft durch einen entsprechenden Eintrag im Handelsregister, vgl. § 214 Absatz I AktG und § 157 Absatz I HGB.

[201]) Bei Verschmelzung durch Aufnahme wird die aufzunehmende Gesellschaft, bei Verschmelzung durch Neubildung werden beide zu verschmelzenden Gesellschaften aufgelöst; vgl. Lehmann, S. 355.

[202]) Lehndorff, Graf, S. 30 bejaht hier ein Rechtsschutzinteresse.

[203]) Das gilt selbst für die sogenannten Personalgesellschaften; vgl. Lehmann, S. 137, 160.

[204]) Hier zeigt sich besonders deutlich der Unterschied zwischen den Ehrverletzungen gegenüber einer Gesamtheit und denjenigen Äußerungen, die nur die Ehre einzelner Mitglieder angreifen.

ihre strafrechtliche Ehre erhalten. „Bei einer guten alten Firma verbindet der gleichmäßige Sinn für eine bestimmte Geschäftspraxis, eine zuverlässige solide Geschäftsführung Menschen sehr verschiedener Zeiten, er überträgt sich von einer Generation auf die andere, er erzieht zum Theil das wechselnde Personal, Herren, Gehülfen und Diener. Das ‚Haus' genießt ein gewisses Maaß von Ehre[205])."

Auf den Ehrenschutz einer Handelsgesellschaft ist auch eine etwaige Änderung der Rechts- oder Organisationsform[206]) ohne Einfluß. Denn auch in diesen Fällen bleibt das Substrat und damit die Identität des Verbandes gewahrt. Eine Ausnahme gilt nur dort, wo eine Gesellschaft in ein Einzelunternehmen umgewandelt wird; denn die Firma, d. h. der Name des Einzelkaufmanns ist mit dessen Person identisch. Wer sich in ehrverletzender Weise über ein Einzelunternehmen äußert, beleidigt in Wahrheit den Einzelkaufmann[207]).

§ 6
Besonderheiten zum Strafantragsrecht, zur Privatklage und zur Nebenklage

Der strafrechtliche Ehrenschutz von Handelsgesellschaften stellt neben materiellen auch Probleme prozessualer Natur. Sind die Vereinigungen des Handelsrechts selbst ehr- und passiv beleidigungsfähig, so ist zu prüfen, wer gegen den Täter Strafantrag stellen[208]) und Klage erheben darf, wenn die Ehre der Gesellschaft durch eine beleidigende Äußerung verletzt ist.

I. In allen Fällen, in denen die Gesellschaft in ihrem Anspruch auf Achtung angegriffen worden ist, hat sie selbst das Recht, Strafantrag zu stellen und Privat- oder Nebenklage zu erheben.

1. Sie wird hierbei durch diejenigen Personen vertreten, mit deren Hilfe sie auch sonst aktiv und passiv am Rechtsverkehr teilnimmt: die Aktiengesellschaft durch ihren Vorstand, §§ 70 ff. AktG, die Gesellschaft mit beschränkter Haftung durch ihre Geschäftsführer, §§ 35 ff. GmbHG, die Offene Handelsgesellschaft durch ihre vertretungsberechtigten Gesellschafter, §§ 125 ff. HGB, die Kommanditgesellschaft durch ihre vertretungsberechtigten Komplementäre, §§ 125 ff., 161 Absatz II, 170 HGB, die Liquidationsgesellschaften

---

[205]) Bolze GA 26, S. 2; vgl. auch Bolze GA 26, S. 11: „Wir reden von einem Vieruhrzug, als wäre der Vieruhrzug, welcher heute ankommt, derselbe wie der, welcher gestern ankam, und welcher morgen ankommt, obwohl Personal, Lokomotive, Wagen ganz andere, bloß die Funktion dieselbe ist, welche wegen ihrer sicheren Gesetzmäßigkeit für uns von maßgebender Bedeutung ist."

[206]) Über die verschiedenen Möglichkeiten der Umwandlung, vgl. Lehmann, S. 357 f.

[207]) Vgl. Zimmermann GA 25, S. 101; Lippold, S. 34 Anm. 66.

[208]) Die heute herrschende Lehre wertet den Strafantrag nicht als Bestandteil des materiellen Rechts, sondern als Prozeßvoraussetzung; vgl. zu diesem Streitstand die Ausführungen von Schönke-Schröder, § 61 Anm. II.

durch ihre Liquidatoren[209]). Für Privat- und Nebenklage ist das im Gesetz ausdrücklich geregelt, §§ 374 Absatz III, 395 Absatz I StPO; für den Strafantrag folgt das aus den Regeln der Organschaft und der Stellvertretung. Aus der rechtlichen Stellung der Organe und Vertreter folgt auch, daß Vorstand, Geschäftsführer, vertretungsberechtigte Gesellschafter oder Komplementäre zur Einleitung des Strafverfahrens selbst dann befugt sind, wenn der Täter seine ehrenrührige Äußerung zu einem Zeitpunkt kundgegeben hat, zu dem diese Personen weder den vertretungsberechtigten Organen noch der Gesellschaft überhaupt angehörten[210]).

2. Die rechtmäßigen Vertreter der Gesellschaft haben die Strafverfolgung formgerecht[211]) und binnen drei Monaten zu begehren[212]). Die Antragsfrist beginnt mit dem Tage, seit dem die zur Vertretung des Verbandes berufenen Personen Kenntnis von dem Angriff auf die Ehre der Handelsgesellschaft erlangt haben; in Fällen der Gesamtvertretung läuft die Frist erst von dem Tage, an welchem alle Vertreter Kenntnis von der Beleidigung ihrer Gesellschaft erhalten haben[213]).

3. Hat der Täter nur die Ehre des Verbandes, nicht zugleich die Ehre einzelner Mitglieder verletzt[214]), so sind die einzelnen Gesellschafter persönlich nicht befugt, Strafantrag zu stellen oder Privatklage zu erheben, mögen sie die Beschimpfung ihres Verbandes vielleicht auch schmerzlich empfinden. Die bloße Tatsache, daß sie der beleidigten Handelsgesellschaft angehören, verleiht ihnen nicht das Recht, ein Verfahren gegen den Täter einzuleiten.

II. Es bleibt zu erwägen, ob in denjenigen Fällen, in welchen die Beleidigung einer Handelsgesellschaft tatbestandsmäßig zugleich einen Angriff auf die persönliche Ehre einzelner Gesellschafter enthält, diese individuell betroffenen Mitglieder berechtigt sind, durch Strafantrag und Privatklage ein Strafverfahren gegen den Täter einzuleiten. Die Lösung dieser Frage wird insbesondere dort wichtig, wo sich die Organe oder Vertreter einer Gesellschaft weigern, Strafantrag wegen Beleidigung zu stellen.

1. Die in ihrer persönlichen Ehre verletzten Gesellschafter sind — wenn überhaupt — nur befugt, strafrechtlichen Schutz für die eigene Person, nicht für die Handelsgesellschaft zu fordern. Umgekehrt sind die Organe oder Vertreter der Gesellschaft regelmäßig nur berechtigt, für den Verband, nicht für die einzelnen Mitglieder, Strafantrag zu stellen. „Nicht einfach deshalb, weil er (der einzelne) Mitglied ist, ist er auch berechtigt, das Ganze zu ver-

---

[209]) Vgl. §§ 205 ff. AktG, §§ 66 ff. GmbHG,. §§ 145 ff. HGB.

[210]) Denn das Antragsrecht der Gesellschaft ist nicht an die Person ihrer Organe oder Vertreter gebunden.

[211]) Vgl. §§ 158 Absatz II, 381, 396 Absatz I StPO.

[212]) Vgl. § 61 StGB.

[213]) Vgl. Dalcke-Schäfer, § 61 Anm. 5 c.

[214]) Wird die Ehre einer Handelsgesellschaft verletzt, so brauchen die einzelnen Mitglieder nicht immer beleidigt zu sein; vgl. insoweit die Ausführungen unten, § 7 II.

treten. Antrag für das Ganze kann vielmehr nur stellen, wer die Einheit repräsentiert[215])."

2. Im älteren Schrifttum[216]) wird den einzelnen Verbandsmitgliedern schlechthin das Recht versagt, neben oder ohne die Handelsgesellschaft gegen den Täter einzuschreiten; die einzelnen Gesellschafter müßten sich auch insoweit durch die gesetzmäßigen Vertreter oder Organe der Gesellschaft vertreten lassen. Diese von der heutigen Rechtsprechung und der modernen Rechtslehre abgelehnte Auffassung[217]) wurde von einem Autor vertreten, der ausschließlich die natürlichen Personen als Träger eigener Ehre anerkannt hat[218]). Schwarze hätte von seinem Standpunkt aus leichter und folgerichtiger die Ansicht begründen können, daß die Befugnis zur Einleitung des Strafverfahrens nur den physischen Personen, d. h. den Mitgliedern einer Gesellschaft, keinesfalls aber dem — angeblich nicht ehrfähigen — Verband selbst zu übertragen sei. Mit nur geringer Überzeugungskraft hat Schwarze seine Meinung zu rechtfertigen versucht. „Die Beleidigung löst sich daher in eine Beleidigung der physischen Personen auf, jedoch dergestalt, daß, weil sie in ihrer Eigenschaft als Mitglieder der juristischen Person beleidigt worden, sie bei Verfolgung der Injurie in dem Maße vertreten werden, wie die Vertretung der juristischen Person verfassungsmäßig geordnet ist. Dieser letzte Satz ist kein Widerspruch. Die Mitglieder sind in ihrer Tätigkeit und Stellung als Mitglieder beleidigt worden, und es ist daher wohl zulässig, daß sie durch ihre Vertretung auch hier vertreten werden[219])." Der Hinweis darauf, daß die einzelnen Gesellschafter als Mitglieder ihres Verbandes, nicht als Privatpersonen verletzt sind, ist richtig, aber keine ausreichende Begründung dafür, persönliche Rechte der Gesellschafter derart einzuschränken. Diese Lehre leugnet den deutlich erkennbaren Unterschied zwischen der Gemeinschaftsehre und der Individualehre. Wenn ein Gesellschafter in seiner persönlichen Ehre angegriffen ist, so hat er das Recht, gegen den Täter vorzugehen, gleichviel ob sich die Äußerung auf seinen privaten Lebensbereich oder auf seine Zugehörigkeit zu einem Verband bezieht.

3. Anders ist vielleicht die Frage zu beantworten, ob die in ihrem Anspruch auf Achtung angegriffenen Gesellschafter immer befugt sind, sich auf das ihnen zustehende Antragsrecht zu berufen. Eine Handelsgesellschaft wird nicht selten darauf bedacht sein, daß allein ihre Organe oder Vertreter bestimmen, ob der Täter für seine ehrenrührige Äußerung zur Rechenschaft ge-

---

[215]) Hammeley, S. 52 f.; ungenau drückt sich der Erste Strafsenat des Bundesgerichtshofs im Ausgangsurteil, S. 192 aus: „Der allein vertretungsberechtigte Geschäftsführer der Gesellschaft durfte den Strafantrag auf jeden Fall stellen. Es kann dahinstehen, welche Personen sonst noch antragsberechtigt sind, etwa dann, wenn kein gesetzliches Vertretungsorgan besteht."

[216]) Vgl. Schwarze, S. 493.

[217]) Soweit das einzelne Mitglied in seiner Ehre verletzt ist, gewährt man ihm auch die entsprechenden prozessualen Rechte.

[218]) Vgl. Schwarze, S. 493.

[219]) Schwarze, S. 493.

zogen werden soll oder nicht. Den Interessen einer Aktiengesellschaft wird es zum Beispiel am ehesten entsprechen, wenn ausschließlich der Vorstand die Angelegenheit führt, selbst wenn die persönliche Ehre einiger Gesellschafter mitverletzt ist. Aus wohlerwogenen Gründen wird der Vorstand häufig beschließen, keinen Strafantrag gegen den Täter zu stellen; er wird etwa mit Rücksicht auf innere Vorgänge und Geschäftsgeheimnisse davon absehen, gegen den Täter einzuschreiten, weil ein Strafverfahren ihm nicht geeignet erscheint, die Ehre der Gesellschaft wiederherzustellen, oder sogar gewisse Gefahren mit sich bringen könnte. Man denke nur an den Fall, in dem einer Aktiengesellschaft zu Unrecht vorgeworfen wird, sie hinterziehe Steuern; wenn hier Strafantrag gestellt und Privatklage wegen Beleidigung erhoben würde, so müßten in der Hauptverhandlung vielleicht Steuer-, Geschäfts- oder Betriebsgeheimnisse preisgegeben werden[220]). Das Strafverfahren brächte der Gesellschaft alsdann eher Schaden als Nutzen. Den einzelnen — persönlich beleidigten — Gesellschaftern in derartigen Fällen die Ausübung ihres Antragsrechtes zu versagen, läge sicherlich im Interesse der Handelsgesellschaft. Es fragt sich indessen, ob durch diese Entscheidung nicht die schutzwürdigen Rechte der betroffenen Individuen in unzulässiger Weise beeinträchtigt würden.

Wenn durch dieselbe ehrverletzende Äußerung mehrere Einzelpersonen oder Personenverbände beleidigt werden, so stehen die Antragsrechte jener Personen oder Personenvereinigungen selbständig nebeneinander[221]). Kein Antragsberechtigter darf den anderen dazu zwingen, Strafantrag zu stellen; ebensowenig darf er ihn an der Stellung oder Rücknahme des Antrages hindern. Freilich darf sich jeder einzelne — auch durch die Gesellschaft — vertreten lassen. Die Gesellschaft ist jedoch regelmäßig nicht befugt, Strafverfolgung auch im Namen der in ihrer Ehre verletzten Mitglieder zu begehren. Sie darf es erst dann, wenn die beleidigten Gesellschafter ihr die Ausübung des Antragsrechts übertragen haben[222]). In Satzung oder Gesellschaftsvertrag können die Mitglieder die Ausübung dieses höchstpersönlichen Rechts generell der Gesellschaft übertragen; regelmäßig werden dort aber derartige Vereinbarungen nicht enthalten sein, so daß die Ausübung des Antragsrechts — wenn überhaupt — nur im Einzelfall auf die Gesellschaft übertragen wird.

---

[220]) Gemäß § 172 GVG ist das Gericht zwar berechtigt, aber nicht verpflichtet, in derartigen Fällen die Öffentlichkeit auszuschließen. Die Frage, ob die Merkmale des § 172 GVG über den Ausschluß der Öffentlichkeit zutreffen, ist eine Ermessensfrage; vgl. Kleinknecht-Müller-Reitberger, § 172 GVG Anm. 4.

[221]) Das ergibt sich unter anderem aus § 62 StGB.

[222]) Zwar kann das Antragsrecht — da es ein höchstpersönliches Recht ist — nicht auf einen anderen übertragen werden; aber die Ausübung dieses Rechtes ist übertragbar. Allgemeiner Ansicht nach darf auch die Ausübung des Züchtigungsrechts, das ebenfalls ein rein persönliches Recht ist, dritten Personen übertragen werden. Vgl. dazu zum Beispiel Schönke-Schröder, § 223 Anm. VI 2 b und Welzel, S. 252.

4. Der Verband kann sich auch nicht mit Erfolg darauf berufen, seine Mitglieder hätten ihm gegenüber auf das Antragsrecht verzichtet. Ein von den Gesellschaftern ihrer Vereinigung gegenüber erklärter Verzicht ist für die Entscheidung des Strafrichters ohne Bedeutung.

Das Reichsgericht hat anfänglich sogar die Auffassung vertreten, der Berechtigte könne auf das persönliche Recht, Strafantrag zu stellen, in keiner Form wirksam verzichten[223]). Es hat seine Ansicht damit zu begründen versucht, daß § 64 nur die Rücknahme des Strafantrages in den gesetzlich besonders geregelten Fällen für zulässig erklärt, einen ausdrücklichen Verzicht auf die Stellung des Antrags indessen nicht hervorhebt; mithin sei davon auszugehen, daß die Strafverfolgung nur unterbleiben dürfe, wenn der Berechtigte den Strafantrag entweder nicht binnen drei Monaten stellt oder ihn in den gesetzlich zugelassenen Fällen zurücknimmt. Der Wortlaut des Gesetzes rechtfertigt eine derart enge Auslegung nicht, die zudem mit der Erwägung unvereinbar ist, daß das Verhalten desjenigen, der die Antragsfrist absichtlich ungenutzt verstreichen läßt, im Ergebnis einem Verzicht gleichkommt. Es besteht kein Grund, weshalb der Berechtigte dieselbe Wirkung nicht vor Ablauf der Frist durch einen ausdrücklichen Verzicht sollte herbeiführen können. Das Reichsgericht hat seine ursprüngliche Auffassung in späteren Entscheidungen geändert[224]). In diesen Urteilen hat es zwar zutreffend ausgeführt, durch die bloße Erklärung gegenüber den Beteiligten, auf Strafantrag verzichten zu wollen, gehe das Antragsrecht nicht unter. Abgesehen von dem besonderen Fall des § 380 StPO erlösche es jedoch „durch Verzichtserklärung gegenüber dem Gericht oder gegenüber den für die Strafverfolgung zuständigen Stellen, bei denen ein Strafantrag nach dem § 158 StPO wirksam gestellt werden kann“[225]).

Aus dieser vom Bundesgerichtshof[226]) und dem modernen Schrifttum[227]) übernommenen Lehre folgt notwendig, daß die Gesellschafter gegenüber ihrem handelsrechtlichen Verband nicht wirksam auf das Antragsrecht verzichten können.

---

[223]) Vgl. zum Beispiel RG 3, S. 221; RG 14, S. 202 ff. (204). Die nun folgenden Ausführungen lehnen sich an BGH NJW 1957, S. 1368 f. an.

[224]) Vgl. zum Beispiel RG 76, S. 345 f.; RG 77, S. 157 ff. (159).

[225]) RG 77, S. 157 ff. (159).

[226]) Vgl. BGH NJW 1957, S. 1368 f.

[227]) Vgl. Dalcke-Schäfer, § 61 Anm. 2 d und Maurach I, S. 723.

II. TEIL

KRIMINALPOLITISCHE ERÖRTERUNGEN

§ 7
Ehrenschutz für alle Handelsgesellschaften — eine berechtigte Forderung

Im ersten Teil dieser Abhandlung wurde nachgewiesen, daß alle Bedenken theoretischer Art, die bisher in Rechtsprechung und Rechtslehre gegen den strafrechtlichen Ehrenschutz von Handelsgesellschaften geäußert worden sind, mit stichhaltigen Gründen entkräftet werden können. Es wurde gezeigt, daß ein umfassender Ehrenschutz handelsrechtlicher Verbände mit Sinn und Zweck des derzeit geltenden Strafrechts durchaus vereinbar ist. Das gestellte Thema bliebe indessen einseitig und unvollständig erörtert, wenn — neben den rechtsdogmatischen — nicht auch die kriminalpolitischen Argumente für und wider den Ehrenschutz handelsrechtlicher Gesellschaften gegenübergestellt und gegeneinander abgewogen würden.

I. Im Schrifttum haben vornehmlich diejenigen Autoren, die schon aus rechtstheoretischen Erwägungen nur das Individuum als Träger eigener Ehre anerkennen, den Beleidigungsschutz der Handelsgesellschaften auch nicht für notwendig erachtet[228]). Sie haben ihre Ansicht mit dem Hinweis zu begründen versucht, daß die Gesellschaften des Handelsrechts durch andere Normen — innerhalb und außerhalb des Strafgesetzbuchs — hinreichend geschützt seien: durch § 187, der die Handelsunternehmen gegen böswillige, kreditgefährdende Behauptungen schützt; durch die Vorschriften der §§ 823 ff. BGB und die Bestimmungen der §§ 14, 15 UWG, die unlautere, wirtschaftliche Behinderungen der Handelsgesellschaften unter Strafe stellen. Damit kann man sich indes nicht zufriedengeben.

1. Zwar haben Rechtsprechung und Rechtslehre — im Einklang mit der Entstehungsgeschichte des Strafgesetzbuches — seit jeher auch Personengemeinschaften, namentlich die Gesellschaften des Handelsrechts, gegen „verleumderische Kreditgefährdung" gemäß § 187 geschützt[229]); daraus darf aber

---

[228]) Vgl. statt vieler Kohlrausch-Lange Vorbem. III vor § 185; Schrader, S. 44; vgl. auch RGZ DR 1941, S. 2125.

[229]) Vgl. v. Olshausen, § 187 Anm. 7 mit zahlreichen Hinweisen auf Rechtsprechung und Schrifttum. Vgl. auch die Ausführungen des Abgeordneten Dr. Meyer in Stenographische Berichte, 1870, zweiter Band, S. 651 und die Ausführungen des Abgeordneten Dr. Schwarze in Stenographische Berichte, 1870, zweiter Band, S. 1176.

nicht gefolgert werden, daß die Handelsgesellschaften keines strafrechtlichen Ehrenschutzes bedürfen.

Die Kreditgefährdung im Sinne des § 187 hat für die Fragen der passiven Beleidigungsfähigkeit keine Bedeutung. Ehrverletzung und Kreditgefährdung sind scharf voneinander zu trennen; denn Ehre und Kredit sind ihrem Wesen nach ganz verschiedene Rechtsgüter: Ehre ist der Anspruch auf Achtung, Kredit „das Vertrauen, daß jemand seine vermögensrechtlichen Verpflichtungen erfüllen kann, erfüllen will und eventuell erfüllen muß“[230]). Diesen wesentlichen Unterschied zwischen Ehre und Kredit verkennen diejenigen Autoren, welche — beide Begriffe zwar nicht gleichsetzend — den Kredit als vermögensrechtliche oder wirtschaftliche Seite der Ehre[231]), als „Geschäftsehre“[232]) bezeichnen. Für ihre Ansicht sprechen freilich der Wortlaut des Gesetzes[233]) und die Stellung der Vorschrift im Vierzehnten Abschnitt des Strafgesetzbuchs[234]), weiterhin die Erkenntnis, daß sich die Kreditgefährdung gemäß § 187 auch gegen die Zahlungswilligkeit, gegen die „Zahlungsmoral“ des Verletzten richtet. Die Vertreter dieser Lehre übersehen aber, daß der Kredit zu einem erheblichen Teil auf der objektiven Zahlungsfähigkeit des Kreditnehmers beruht und daß auch diese tatsächliche Seite des Kredits geschützt wird. „Hätte nur die innere Seite desselben, die Zahlungswilligkeit, Redlichkeit, geschützt werden sollen, so hätte es einer besonderen Hervorhebung dieser Seite der Ehre nicht bedurft, umsoweniger, als bei der sozialen Auffassung des Ehrbegriffs auch den besonderen Eigentümlichkeiten dieser Seite genügend Rechnung getragen wird[235]).“ Wenn nur diejenigen Behauptungen den Kredit eines anderen gefährdeten, die das Vertrauen in dessen Zahlungswilligkeit zu erschüttern vermögen, so hätte es des speziellen Delikts der Kreditgefährdung gar nicht bedurft: wird wider besseres Wissen von jemandem behauptet, er wolle seinen vermögensrechtlichen Verpflichtungen nicht nachkommen, so ist das — abgesehen von Kreditgefährdung — stets auch eine verleumderische Beleidigung.

Die Kreditgefährdung im Sinne des § 187 ist in Wahrheit keine Straftat gegen die Ehre, auch kein „der Beleidigung nahestehendes Delikt“[236]), sondern

---

[230]) Passow, S. 14.

[231]) Vgl. zum Beispiel Maurach II, S. 133; Kohlrausch-Lange, § 187 Anm. III; Zeller, S. 35; Helle, S. 50; Baumbach-Hefermehl, § 15 UWG Anm. I.

[232]) Stepperger, S. 76.

[233]) Vgl. § 187: „... wird wegen verleumderischer Beleidigung ... bestraft.“

[234]) Diese formalen Argumente besagen aber nicht viel; auch die Vorschriften der §§ 189, 196, 197 — ebenfalls in den Vierzehnten Abschnitt des Strafgesetzbuchs eingeordnet — regeln nicht Delikte gegen die Ehre; vgl. oben, § 1.

[235]) Kratz, S. 47.

[236]) So aber Schierloh, S. 13; ähnlich auch Koschmann, der auf Seite 27 ausführt: „Darum reihen wir auch die Angriffe auf Kredit und Ehre in ein und dieselbe Kategorie von Delikten ein, die wir „Mißachtungsdelikte“ nennen, d. h. beide Angriffe (auf die Ehre und den Kredit) richten sich gegen den sozialen Geltungstrieb des Menschen“.

ein Vermögensdelikt[237]). Seine Stellung im Vierzehnten Abschnitt des Strafgesetzbuchs ist systematisch verfehlt, da keine innere Beziehung zu den Beleidigungsvergehen besteht[238]); „nur die Ähnlichkeit der Art und Weise und des Mittels der Verletzung haben der strafrechtlichen Norm ihre jetzige Stellung unter den Delikten gegen die Ehre angewiesen“[239]).

Das Reichsgericht[240]) hat zutreffend ausgeführt, daß die Behauptungen, die den Kredit eines anderen gefährden, nicht notwendig ehrenkränkenden, herabsetzenden Charakter haben müssen. Wer wider besseres Wissen behauptet, eine Aktiengesellschaft sei aufgelöst worden, eine Gesellschaft mit beschränkter Haftung habe die Fabrikation bestimmter Waren eingestellt oder eine Offene Handelsgesellschaft sei durch die Krankheit ihrer Geschäftsführer nicht in der Lage, ihre Lieferfristen einzuhalten, gefährdet den Kredit jener Gesellschaften, ohne deren Ehre zu verletzen[241]). Ebenso gefährdet die Behauptung, in der Verwaltung einer Aktiengesellschaft seien starke Differenzen aufgetreten, zwar den Kredit der Gesellschaft, da diese Aussage den Geschäftsgang und die wirtschaftliche Entwicklung der Gesellschaft ungünstig beeinflussen kann[242]); wer dies behauptet, verletzt aber nicht unbedingt die Ehre des Verbandes. Selbst die Behauptung, eine Gesellschaft sei „pleite“, ist — obwohl kreditgefährdend — nicht immer beleidigend, denn das Unglück wirtschaftlichen Zusammenbruchs trifft oft genug die sozial achtbarsten Gesellschaften.

Umgekehrt gefährdet nicht jede Äußerung, die die Ehre einer Gesellschaft verletzt, zugleich auch deren Kredit. Wer einer Handelsgesellschaft wider besseres Wissen nachsagt, sie verwehre ihren Arbeitnehmern das Koalitions- oder Streikrecht, sie stelle nur Arbeiter einer bestimmten Glaubensrichtung oder Weltanschauung ein oder sie beschäftige — wegen der geringeren Löhne —

---

[237]) So entscheidet die herrschende Meinung in Rechtsprechung und Rechtslehre; vgl. zum Beispiel RG 31, S. 84 ff. (85); RG 44, S. 158 ff. (160); OLG Düsseldorf in HRR Band 2, S. 286; Ambach, S. 47; Passow, S. 39; v. Hippel, S. 218; Schönke-Schröder, § 187 Anm. V; Schwarz, § 187 Anm. 2; Schaefer LK II, § 187 Anm. II.

[238]) Vgl. Kern, S. 306: „. . . ; die Kreditschädigung, die in § 187 mitgenannt ist, ist ein Delikt gegen das Vermögen. Sie ist daher aus dem Abschnitt Beleidigung zu entfernen und in das UWG einzustellen“. Die dem § 187 entsprechende Vorschrift des § 174 Entwurf 1960 regelt die Kreditgefährdung nicht mehr. Vgl. dazu Entwurf 1960, Begründung S. 295: „Der in § 187 StGB zusammen mit der verleumderischen Beleidigung behandelte Fall der sogenannten Kreditverleumdung ist nicht übernommen. Er enthält nicht notwendig eine Ehrverletzung und ist im wesentlichen bereits durch § 15 des Gesetzes gegen den unlauteren Wettbewerb vom 7. Juni 1909 gedeckt.“

[239]) Kratz, S. 47.

[240]) Vgl. zum Beispiel RG 44, S. 158 ff. (160); zustimmend: v. Hippel, S. 218; Schwarz, § 187 Anm. 2.

[241]) Vgl. RG 44, S. 158 ff. (159).

[242]) Vgl. RGZ 83, S. 362 ff. (363).

nur ledige Personen, kann wegen Verleumdung, darf aber nicht wegen Kreditgefährdung bestraft werden.

Es bleibt allerdings zu beachten, daß viele Behauptungen zugleich den Kredit einer Gesellschaft gefährden und auch deren Ehre verletzen, etwa dann, wenn der Vorwurf, zahlungsunfähig zu sein, zugleich eine Beschuldigung der Unehrlichkeit und Unlauterkeit im Verkehr enthält. In diesen Fällen stehen die vom Täter begangenen Straftaten der Beleidigung und Kreditgefährdung in Idealkonkurrenz[243]).

Der wesentliche Unterschied zwischen Ehre und Kredit, zwischen Ehrverletzung und Kreditgefährdung zeigt deutlich, daß den Handelsgesellschaften der Beleidigungsschutz nicht mit der Begründung versagt werden darf, daß ihr Kredit durch § 187 ausreichend geschützt sei.

2. Aus demselben Grunde geht der Hinweis auf § 824 BGB fehl, denn hier wird — wie in § 187 — der Kredit, mithin das Vermögen, nicht die Ehre des Verletzten geschützt.

3. Auch die Vorschrift des § 823 BGB erübrigt den strafrechtlichen Ehrenschutz von Handelsgesellschaften nicht. Zwar werten Rechtsprechung und Rechtslehre heute übereinstimmend die Ehre als ein sonstiges Recht im Sinne des § 823 Absatz I BGB[244]). Der zivilrechtliche Ehrenschutz ist aber weder geeignet noch vom Gesetzgeber dazu bestimmt, den strafrechtlichen Beleidigungsschutz zu ersetzen[245]); beide sollen einander vielmehr ergänzen. Wo die Ehre eines einzelnen auf dem Spiele steht, wird gewiß niemand auf den Gedanken kommen, dem Verletzten den Schutz gemäß §§ 185 ff. deshalb zu versagen, weil dieser auch zivilrechtliche Ansprüche geltend machen kann. Warum die Gesellschaften des Handelsrechts insoweit schlechter gestellt sein sollten als die Einzelpersonen, ist nicht einzusehen.

4. Die §§ 14, 15 UWG vermögen ebensowenig den strafrechtlichen Ehrenschutz von Handelsgesellschaften zu ersetzen. Freilich schützen diese Vorschriften nicht nur einzelne Personen, sondern auch Personenverbände[246]). Die Angriffsobjekte dieser Tatbestände sind jedoch mit denen der §§ 185 ff. nicht identisch; außerdem sind die objektiven und subjektiven Tatbestandsmerkmale von denen der Beleidigung, üblen Nachrede und Verleumdung verschieden. Eine Behauptung gemäß § 14 UWG kann sich ihrem Inhalt nach auf ein fremdes Erwerbsgeschäft, auf die Person des Inhabers oder Leiters des Geschäfts sowie auf die Waren oder gewerblichen Leistungen eines anderen beziehen. Es handelt sich mithin um solche Äußerungen, die die geschäftliche oder gewerbliche Sphäre berühren, die den Geschäftsbetrieb oder den Kredit des Inhabers schädigen können. Die Behauptung braucht nicht

---

[243]) So entscheiden auch Bless, S. 56 und v. Hippel, S. 218 f.

[244]) Vgl. statt aller Zeller, S. 107 ff.

[245]) Die Ansprüche aus § 823 BGB sind auch in ihrer Zielrichtung ganz anders geartet; sie gehen auf Schadensersatz, Widerruf oder Unterlassung; vgl. dazu Helle, S. 59.

[246]) Vgl. zum Beispiel Fuld, § 14 Anm. II 6 b.

ehrenkränkend oder herabsetzend zu sein; vielmehr genügt, daß sie Nachteile für die Ausübung des Gewerbes bringen kann. Denn § 15 UWG dient nicht dem Schutz der gewerblichen oder geschäftlichen Ehre[247]), sondern „ebenso wie § 824 BGB lediglich dem Schutze wirtschaftlicher Belange; er schützt vor Gefährdung des Kredits, des Erwerbs (d. h. der errungenen wirtschaftlichen Stellung) und des Fortkommens (d. h. der darüber hinaus bestehenden wirtschaftlichen Zukunftsaussichten)"[248]). Zudem erfaßt § 14 UWG nur diejenigen Äußerungen, welche zu Zwecken des Wettbewerbs gemacht werden; er paßt nur dort, wo der Täter dem Verletzten selbst Wettbewerb leisten oder fremden Wettbewerb begünstigen will[249]).

Die „strafbare Anschwärzung" gemäß § 15 UWG ist weder ein Delikt gegen die Ehre[250]) noch eine Straftat gegen den Kredit, obwohl diese Vorschrift ihrer Struktur nach der Kreditgefährdung im Sinne des § 187 ähnelt[251]). Sie schützt allein den geschäftlichen oder gewerblichen Betrieb[252]). Der praktische Unterschied zur strafbaren Kreditgefährdung ist indessen kaum fühlbar[253]), weil eine Betriebsschädigung regelmäßig auch den Kredit gefährdet[254]). Jedenfalls macht § 15 UWG den strafrechtlichen Ehrenschutz von Handelsgesellschaften nicht entbehrlich.

5. Nach alledem können die angeführten Vorschriften nicht den für handelsrechtliche Verbände nötigen Ehrenschutz gewähren, weder einzeln noch in ihrem Zusammenwirken.

II. Die Notwendigkeit, den Gesellschaften des Handelsrechts Schutz gemäß §§ 185 ff. zu gewähren, ist häufig, vornehmlich von älteren Autoren[255]), mit der Begründung verneint worden, die Beleidigung eines Verbandes sei immer oder doch regelmäßig so beschaffen, daß sie zugleich die hinter dem Verband stehenden Personen treffe; da die in ihrer Ehre verletzten Mitglieder gegen den Täter vorgehen könnten, sei der Ehrenschutz der Gesamtheit überflüssig. „Eine Ehrverletzung, welche nicht die Einzelnen, sondern

---

[247]) So aber Fuld, § 14 Anm. II 6 b; ähnlich Helle, S. 54.

[248]) Reimer, § 14 Absatz I UWG, Erl. 13.

[249]) Vgl. zum Beispiel RGZ 118, S. 133 ff. (137); Baumbach-Hefermehl, § 14 Absatz I UWG Anm. I 2; Reimer, § 14 Absatz I UWG, Erl. 2.

[250]) Anderer Meinung Fuld, § 15 Anm. I.

[251]) Objektives Tatbestandsmerkmal ist die Behauptung unwahrer Tatsachen über ein Erwerbsgeschäft, Waren, gewerbliche Leistungen oder über die Person des Inhabers oder Leiters; die Behauptung muß subjektiv wider besseres Wissen aufgestellt werden und außerdem eine Betriebsschädigung oder -gefährdung herbeiführen.

[252]) Vgl. zum Beispiel Baumbach-Hefermehl, § 15 UWG Anm. I.

[253]) Zu beachten bleibt aber, daß eine Kreditgefährdung auch zum Nachteil privater Personen möglich ist.

[254]) Vgl. Baumbach-Hefermehl, § 15 UWG Anm. I; Koschmann, S. 10 f. weist aber mit Recht darauf hin, daß nicht jede Betriebsschädigung zugleich auch eine Kreditgefährdung enthält.

[255]) Vgl. zum Beispiel Hälschner, S. 170; Bruhns GS 27, S. 491; Ambach, S. 41 f.

nur die Gesamtheit träfe, ist unseres Erachtens undenkbar, schon deshalb, weil die Gesamtheit keine Realität hat. Man muß vielmehr sagen, es kann nur Beleidigungen der Einzelnen, nicht der Gesamtheit geben[256])." Auch dieser Lehre ist zu widersprechen.

1. Der Einwand, die Ehre einer Personengesamtheit sei nichts anderes als die Ehre aller Mitglieder, beruht auf der irrigen Ansicht, daß es nur Einzelpersönlichkeiten, nicht aber Gesamtpersönlichkeiten gebe[257]). „Nach der individualistischen (liberalistischen) Auffassung ist die Gemeinschaft eine Mehrheit (Addition) von Personen nebst Einzelwillen. Hiergegen spricht, daß die Gemeinschaft gegenüber den Individuen etwas Neues darstellt und oft (nicht immer!) in ihrem Bestande vom Wechsel und Ausscheiden einiger Personen unabhängig ist[258])." Da eine Gemeinschaft selbst Persönlichkeit und alsdann Träger eigener Ehre sein kann[259]), so sind Beleidigungen denkbar, die nur das Ganze, nicht zugleich die einzelnen Mitglieder treffen[260]). Dies folgt auch aus der Erwägung, daß der soziale Wert eines handelsrechtlichen Verbandes nicht identisch ist mit der Summe der sozialen Werte seiner Mitglieder. „Es wäre geradezu absurd, wollte man sagen, die Ehre der Aktiengesellschaft sei gleich der Summe der Ehre der Aktionäre[261])." Die Ehre einer Handelsgesellschaft beruht eben auf denjenigen sozialen Werten, welche die Gesellschaft für sich erworben hat, die Ehre der Mitglieder auf jenen sittlichen oder sozialen Werten, die die einzelnen Gesellschafter besitzen; diese Werte sind naturgemäß verschieden.

2. Die Argumentation, daß sich die Beleidigung eines handelsrechtlichen Verbandes immer in eine Ehrverletzung aller oder einzelner Mitglieder auflöse, ist auch durch praktische Beispiele zu widerlegen.

Wenn der Täter behauptet, die Handelsgesellschaft X arbeite schlampig und unreell, es gebe allerdings einige Gesellschafter, die ihre Aufgaben pflichtbewußt erfüllten, so würde man zumeist nicht wegen Beleidigung einzelner Personen vorgehen können. Der Täter könnte bei einer so allgemein gehaltenen ehrenrührigen Äußerung jedem Gesellschafter, der sich beleidigt fühlt und Strafantrag stellt, erwidern, gerade ihn rechne er zu den pflichtgetreuen Mitgliedern der Gesellschaft; eine unmittelbare Beleidigung eines einzelnen wäre in einem derartigen Fall nicht erweislich. Der Täter dürfte indessen auch nicht wegen mittelbarer Beleidigung eines oder mehrerer Gesellschafter bestraft werden, denn es ist nicht ehrverletzend, wenn jemandem nachgesagt

---

[256]) Bruhns GS 27, S. 491. Vorsichtiger drückt sich Hälschner, S. 170 aus; seiner Ansicht nach wird die Beleidigung, wenn nicht in allen, so doch in den weitaus meisten Fällen, zugleich auch die Mitglieder der Gemeinschaft treffen.

[257]) Vgl. dazu oben § 3 I.

[258]) Sauer, System, S. 63.

[259]) Vgl. dazu oben § 3 I.

[260]) Vgl. dazu oben § 5 II 1, wo festgestellt wurde, daß nicht jede Beleidigung eines einzelnen Mitglieds zugleich auch die Ehre der Gesamtheit verletzt.

[261]) Bickert, S. 37.

wird, er habe unfähige Kollegen[262]). Erklärte jemand, die Reisegesellschaft Y sei ein höchst unzuverlässiges Unternehmen und jedermann müsse gewarnt werden, an ihren Fahrten teilzunehmen, oder die Versicherungsgesellschaft Z sei ein ganz korrupter Verein, bei dem man echten Versicherungsschutz nicht erhalte, so würde seine Äußerung regelmäßig nicht die persönliche Ehre einzelner Gesellschafter verletzen. Wenn der Täter einer Handelsgesellschaft zu Unrecht unlauteres Geschäftsgebahren vorwirft, so wird er zumeist nicht behaupten wollen, jedes Mitglied dieser Gesellschaft handle unsittlich oder unsozial.

Und welche natürliche Person sollte in ihrer Ehre verletzt sein, wenn derartige Vorwürfe etwa einer Aktiengesellschaft gemacht würden, deren Aktionäre ebenfalls Gesellschaften des Handelsrechts sind[263])? Soll man den Täter dann wegen Beleidigung von Mitgliedern der „Aktionärsgesellschaften" bestrafen? Ein Richter, der dieses Ergebnis gutheißen wollte, dürfte sich zwar juristischer Konstruktionskunst rühmen, sein Urteil träfe jedoch nicht den wirklichen Unrechtsgehalt der Tat.

3. Gleichwohl hat auch die höchstrichterliche Rechtsprechung in zunehmendem Maße den Ausweg gesucht, ehrverletzende Äußerungen gegenüber einer Handelsgesellschaft als Angriff gegen die Ehre der Gesellschafter zu werten[264]). In zahlreichen Entscheidungen[265]) ist ausgesprochen worden, daß ein handelsrechtlicher Verband nach geltendem Strafrecht weder ehrfähig sei noch eines Schutzes gemäß §§ 185 ff. bedürfe, da der umfassende Ehrenschutz natürlicher Personen — hier der Gesellschafter — ausreiche. In dem Bestreben, die Probleme des strafrechtlichen Ehrenschutzes der Handelsgesellschaften auf dem angeblich leichteren und besseren Wege über die Kollektivbeleidigung zu lösen, hat die Rechtsprechung sogar behauptet, daß ein Täter, der die Gesamtheit beleidigen will, zugleich auch deren Mitglieder in ihrer Ehre verletzen wolle. Der Richter dürfe einen derartigen Vorsatz beim Täter unterstellen; er brauche nicht besonders darzulegen, daß der Täter die hinter der Gesellschaft stehenden natürlichen Personen beleidigen wollte. So hat das Oberlandesgericht Karlsruhe[266]) ausgeführt: „Das Amtsgericht konnte daher ohne Rechtsverstoß annehmen, daß der Privatkläger durch die beleidigende Äußerung der Angeklagten in seiner persönlichen Ehre als verletzt zu gelten hat. Eine besondere Feststellung in der Richtung, daß die Angeklagte sich dieser Beziehung auf den Privatkläger bewußt war, brauchte das Amtsgericht bei den angegebenen eng begrenzten Verhältnissen nicht zu treffen. Vielmehr wäre es Sache der Angeklagten, besondere Umstände dar-

---

[262]) Vgl. Dreher, Niederschriften, Band 9, S. 97.

[263]) Über die Kombinationen von Gesellschaftstypen vgl. Lehmann, S. 105, 150.

[264]) In diesem Sinne äußert sich auch der Bundesgerichtshof in dem Ausgangsurteil S. 188 über die Rechtsprechung des Reichsgerichts.

[265]) Vgl. zum Beispiel RG 1, S. 178 f.; RGZ 95, S. 339 ff. (341); OLG Oldenburg DJZ 1907, S. 246; OLG Karlsruhe JW 1926, S. 1478 f. (1479); OLG Königsberg HRR 1939 Nr. 1487; LG Lübeck SchlHA 1950, S. 304.

[266]) JW 1926, S. 1478 f. (1479).

zutun, wonach der Privatkläger trotz seiner Eigenschaft als alleiniger Leiter und verantwortlicher Redakteur des ‚Od. Verlag' durch die beleidigende Kundgebung nicht getroffen werden sollte." Nach Ansicht des Oberlandesgerichts Karlsruhe soll das selbst dann gelten, wenn der Täter die Mitglieder der Gesellschaft weder persönlich noch auch nur dem Namen nach kennt.

Das zitierte Urteil zeigt deutlicher als jedes andere, wie gefährlich es ist, die Notwendigkeit eines strafrechtlichen Ehrenschutzes von Handelsgesellschaften mit der Begründung zu leugnen, daß in jedem Falle die Gesellschafter beleidigt seien und Strafantrag stellen könnten. Die Ehrverletzung eines oder mehrerer Mitglieder läßt sich zwar objektiv oft nachweisen, zumal dort, wo der Gesellschaft nur wenige natürliche Personen angehören[267]. „Bedenklich sind dagegen die Ausführungen über die Verpflichtung des Gerichts zur Feststellung des Vorsatzes; gerade wegen der ... Eigenart der objektiven Rechtslage bedurfte es der urteilsmäßigen Feststellung, daß die Angeklagte sich der Ehrverletzung des Redakteurs und Verlegers bewußt war, und es durften nicht gegenteilige Behauptungen der Angeklagten abgewartet werden[268]."

Daß jemand durch eine ehrenrührige Behauptung über eine Handelsgesellschaft alle einzelnen ihr angehörenden Menschen in ihrer persönlichen Ehre kränken k a n n, ist anerkannten Rechtes[269]. Dann hat der Täter jedoch den Willen, alle diese einzelnen Mitglieder — die er weder zu kennen noch sich vorzustellen braucht — ohne Ausnahme zu treffen, oder er ist sich zumindest der Möglichkeit bewußt, daß seine Äußerung auf alle Gesellschafter bezogen werden kann. Denkbar ist auch, daß der Täter durch seine Äußerung über einen handelsrechtlichen Verband nur einige Personen — etwa den Vorstand oder Aufsichtsrat einer Aktiengesellschaft — oder nur ein einziges Mitglied — etwa den alleinigen Geschäftsführer einer Offenen Handelsgesellschaft — beleidigen will. Vielleicht will der Täter aber nur die Verbandsehre, nicht auch die persönliche Ehre eines oder mehrerer Mitglieder treffen. Dies sind Fragen der tatsächlichen Auslegung. Es wäre ein Verstoß gegen das Schuldprinzip, wenn ein Gericht einen Angeklagten wegen Beleidigung einer oder mehrerer Einzelpersonen schuldig erkennen wollte, ohne ihm nachgewiesen zu haben, daß er gerade diese Personen in ihrer Ehre verletzen wollte.

Somit zeigt sich recht deutlich, daß die Versuche, dem Täter auf dem Umweg über die Beleidigung einzelner Gesellschafter Schuld vorzuwerfen,

---

[267]) Wenn man nur die einzelnen Mitglieder für ehr- und passiv beleidigungsfähig halten wollte, so würden die kleinen und meist unbedeutenden Handelsgesellschaften stärkeren Ehrenschutz genießen als die großen Verbände des Handelsrechts; denn bei den kleinen Gesellschaften läßt sich eine Kollektivbeleidigung der Mitglieder leichter nachweisen.

[268]) Sauer in seiner Anmerkung zum Urteil des Oberlandesgerichts Karlsruhe, JW 1926, S. 1478 f. (1479); vgl. auch RG Rspr. 3, S. 302 ff. (306).

[269]) Es handelt sich dann um eine Kollektivbeleidigung; diese muß objektiv beziehbar, d. h. gegen einen bestimmten oder bestimmbaren Personenkreis gerichtet und subjektiv vom Vorsatz des Täters umfaßt sein.

häufig an der Schwierigkeit scheitern werden, die Merkmale der Kollektivbeleidigung nachzuweisen. Doch selbst dort, wo eine Kollektivbeleidigung erweislich ist, werden diese Versuche nicht immer zum Ziele führen, da sie „dem Empfinden der von der Beleidigung Betroffenen nicht in allen Fällen wirklich entsprechen dürften“[270]). Die Gerechtigkeit verlangt, daß die Schuld des Täters stets nach dem wirklichen Unrechtsgehalt seiner Tat beurteilt wird. Wenn eine ehrverletzende Äußerung, die sich objektiv sowie nach dem Willen des Täters nur gegen die Handelsgesellschaft als solche richtet, durch „gewaltsame Konstruktionen“ in eine Kollektivbeleidigung umgedeutet wird, so beschuldigt man den Täter in Wahrheit eines Vergehens, das er weder objektiv begangen hat noch subjektiv begehen wollte.

III. Im Schrifttum ist ferner behauptet worden, die — ohnehin schon beträchtliche — Zahl der Beleidigungsprozesse wachse ins Unermeßliche, wenn man den Handelsgesellschaften strafrechtlichen Ehrenschutz gewährte[271]). Man befürchtet, daß die handelsrechtlichen Verbände den Beleidigungsschutz allzuoft für sich in Anspruch nehmen werden, selbst dann, wenn ihre Ehre in Wirklichkeit nicht verletzt ist. Auch dieser Einwand leuchtet wenig ein.

Vielleicht werden die Gesellschaften des Handelsrechts bisweilen zu Unrecht Privatklage wegen Beleidigung erheben[272]); in solchen Fällen werden sie in der Tat den ihnen gewährten Ehrenschutz mißbrauchen. Doch der mögliche Mißbrauch eines Rechtsinstituts darf nicht als Argument gegen die Einführung oder Geltung dieses Rechtsinstituts vorgebracht werden.

Die Furcht vor einem „Überhandnehmen der Beleidigungsprozesse“ ist zudem unbegründet. Wenn die Handelsgesellschaften als solche neben ihren Mitgliedern Schutz gemäß §§ 185 ff. genießen, so wird die Zahl der Beleidigungsklagen eher zurückgehen als anwachsen. Um dem Täter Schuld nachzuweisen, braucht man die Ehrverletzung des Verbandes dann nicht mehr in eine — vom Täter oft gar nicht gewollte — Kollektivbeleidigung der Verbandsmitglieder umzudeuten[273]). Dort, wo nur die Ehre der Gesamtheit, nicht zugleich die der Mitglieder gekränkt wird, ist nur die Gesellschaft durch ihre gesetzlichen Vertreter befugt, Strafantrag zu stellen und Privatklage zu erheben. Angesehene Verbände des Handelsrechts werden jedoch häufig den an sich zulässigen Weg der Klage nicht beschreiten; denn ihr Ansehen in der Öffentlichkeit ist oft so groß, daß manches abfällige Urteil und manche unwahre Behauptung über sie ihren Anspruch auf Achtung gar nicht beeinträchtigen werden. Gegen geringfügige Sticheleien, die der einzelne Gesellschafter vielleicht mit einer Privatklage beantworten würde, sind sie durch ihre bedeutsame Stellung hinreichend geschützt.

IV. Gleichwohl hat es nicht an Stimmen gefehlt, die den strafrechtlichen Schutz der Gemeinschaftsehre als kriminalpolitisch unerwünscht bezeichnet

---

[270]) Gerland GS 110, S. 24.

[271]) Vgl. Lehndorff, S. 39, der zahlreiche Hinweise auf die Literatur gibt.

[272]) Bei natürlichen Personen ist das — trotz der Vorschrift des § 380 StPO — nicht selten so.

[273]) Vgl. oben § 7 II 3.

haben. Aus Sorge davor, daß die für eine Verbandsehre wesentlichen Merkmale nicht sicher festzustellen seien, will man den Gemeinschaften strafrechtlichen Ehrenschutz lieber ganz versagen als das Individuum in seinem Recht auf freie Meinungsäußerung über Gebühr einschränken. Der Beleidigungsschutz von Gesamtheiten „hat zu einer Ausdehnung des Beleidigungsbegriffes geführt, der verhängnisvoll zu werden droht: denn hierdurch wird die Kritik wesentlich eingeschränkt, die freie Meinungsäußerung in ihrem Fundament gefährdet, die gerechte Würdigung unserer Zeitströmungen unmöglich gemacht und jede kulturhistorische Betrachtung unserer Entwicklung ernstlich in Frage gestellt: man muß der Wahrheit einen Schleier umwerfen, um der Gefahr der Verfolgung zu entgehen, man muß mit dem Tadel zurückhalten, will man seine persönliche Freiheit nicht einbüßen"[274])! Doch auch diese Argumente können widerlegt werden.

1. Die Ehre einer Handelsgesellschaft läßt sich ihrem Grund und ihrem Umfang nach — so wie die Ehre des Individuums — durchaus bestimmen: die Organisation des Verbandes, seine eigene Willens- und Handlungsfähigkeit, seine sozialen Aufgaben und die von ihm erworbenen Werte sind nicht so unbestimmt, daß „die festen Grenzen, welche im Interesse der individuellen Freiheit bezüglich der Strafgesetze geboten sind"[275]), hier nicht gewahrt wären.

2. Der moderne Staat kennt freilich nicht nur ein Recht auf Schutz der Ehre, sondern auch ein Recht auf freie Meinungsäußerung. „Die Freiheit der Meinung und ihrer Äußerung ist eine wesentliche Grundlage alles menschlichen Zusammenlebens. Sie ist die Voraussetzung aller Kultur, insofern sie dem Einzelnen den erforderlichen Raum zur Entfaltung seiner Persönlichkeit gewährleistet und den Geistesrichtungen der Zeit Äußerungsmöglichkeiten gibt. Ohne sie wäre überhaupt keine öffentliche Meinung möglich[276])." Beide Rechte stehen in einem gegensätzlichen Verhältnis; je weiter man das Recht auf Ehrenschutz ausdehnt, desto mehr wird das Recht auf freie Meinungsäußerung eingeschränkt. „In der polaren Spannung zwischen der Ehre und der Freiheit der Meinungsäußerung liegt die Grundproblematik des rechtlichen Ehrenschutzes. Er erfordert eine feste und doch elastische Abgrenzung der beiden Lebensbereiche, die jedem das Seine gibt[277])." Die Schöpfer des Grundgesetzes haben dem Ehrenschutz den Vorrang gegenüber der Forderung nach Freiheit der Meinungsäußerung gewährt. Gemäß Art. 5 Absatz II GG findet das jedermann zustehende Grundrecht, seine Meinung in Wort, Schrift und Bild frei zu äußern und zu verbreiten, in dem Recht der persönlichen Ehre seine natürliche Schranke.

3. Zudem kann der Furcht vor einer Knebelung publizistischer Kritik nicht wirksam in der Weise begegnet werden, daß man nur Einzelpersonen strafrechtlichen Ehrenschutz gewährt. Dem berechtigten Streben, dem Grund-

[274]) Kohler GA 47, S. 145; ähnlich Bolze GA 26, S. 5.

[275]) Bolze GA 26, S. 5.

[276]) Helle, S. 2.

[277]) Helle, S. 3.

recht der freien Meinungsäußerung einen möglichst weiten Spielraum zu erhalten, wird man durch die Einschränkung der Beleidigungsfähigkeit auf Individualpersonen nicht gerecht. Denn das Schutzbedürfnis vieler Gemeinschaften gegen ehrverletzende Angriffe ist nicht zu leugnen, und man „tut daher besser, ihm freie Bahn zu lassen, soweit nicht das Handeln zur Wahrnehmung berechtigter Interessen die Straflosigkeit solcher Beleidigungen fordert“[278]).

Es ist daher durchaus zu empfehlen, die Gesellschaften des Handelsrechts gegen ehrenrührige Äußerungen zu schützen. Die Freiheit der Kritik wird „durch weitherzige Anpassung an berechtigte Bedürfnisse des sozialen Lebens, durch vernünftige Ausgestaltung und Handhabung des Prinzips des § 193“[279]) genügend gesichert.

V. Für die Ehr- und die passive Beleidigungsfähigkeit handelsrechtlicher Verbände spricht auch die Erwägung, daß jede Handelsgesellschaft gegen ehrverletzende Äußerungen so lange zu schützen ist, als die Rechtsordnung die Existenz der Gesellschaft anerkennt. Wollte man dem Verband als solchem strafrechtlichen Ehrenschutz versagen, so würde daraus notwendig folgen, daß Beschimpfungen, entehrende Urteile oder Tatsachenbehauptungen — die zwar auch die Ehre der einzelnen Mitglieder angreifen — nur so lange strafrechtlich verfolgt werden könnten, als mindestens ein Gesellschafter, der bei der vorgeworfenen Handlung mitgewirkt hat, noch lebt, es sei denn, daß er bereits Strafantrag gestellt hatte. Denn wegen der Straftaten gemäß §§ 185, 186, 187 dürften nur diejenigen Personen Strafantrag stellen und Privatklage erheben, die zur Zeit der Beschimpfung der Gesellschaft bereits angehörten. Alsdann wäre eine Handelsgesellschaft vielleicht schon binnen kurzem schutzlos allen Beleidigungen aus den Zeiten anderer Zusammensetzung preisgegeben, wenn etwa alle Mitglieder aus der fraglichen Periode rasch hintereinander verstorben wären; dabei kann der Verband — in seiner gegenwärtigen Zusammensetzung — sehr wohl ein aktuelles Interesse an der Strafverfolgung haben. Bei einer Offenen Handelsgesellschaft oder Kommanditgesellschaft mit jeweils nur zwei Gesellschaftern könnte dieser Fall sehr leicht eintreten. Der Verband könnte eine Sühne für die ihm zugefügte Ehrverletzung und eine Bestrafung des Täters wegen Beleidigung auf keine Weise mehr erreichen, obschon der Verband seine Identität gewahrt und nur seine Mitglieder gewechselt hat[280]).

VI. Auch im Hinblick auf die §§ 188, 200 ergibt sich, daß aus kriminalpolitischen Gründen ein strafrechtlicher Ehrenschutz der Handelsgesellschaften nach geltendem Recht erwünscht ist.

Wenn ein handelsrechtlicher Verband passiv beleidigungsfähig ist, kann auf sein Verlangen hin dem Täter gemäß § 188 eine Geldbuße auferlegt werden; der Verband hat dann lediglich nachzuweisen, daß die Ehren-

---

[278]) Liepmann VDB IV, S. 354.

[279]) Liepmann VDB IV, S. 354.

[280]) Vgl. dazu oben § 5 III 5.

kränkung sich auf seine Vermögensverhältnisse, seinen Erwerb oder sein Fortkommen nachteilig auswirkt. Wer indessen die Ehrfähigkeit einer Handelsgesellschaft bestreitet, für den gibt es nur eine an die Verbandsmitglieder zu zahlende Geldbuße; denn von seinem Standpunkt aus können nur die einzelnen Gesellschafter durch die Aussage des Täters beleidigt und in ihrem Erwerb oder Fortkommen benachteiligt sein. Die Entschädigung, die entweder ausschließlich[281]) oder doch in erster Linie der Handelsgesellschaft selbst zugewandt werden müßte, würde alsdann den in Wirklichkeit gar nicht[282]) oder nur sekundär verletzten Mitgliedern zugesprochen. Dieses unbillige Ergebnis wird nicht — zumindest nicht immer — durch die Möglichkeit beseitigt, der Handelsgesellschaft im Zivilprozeß angemessene Entschädigung zu gewähren: die Buße im Sinne des § 188 dient nicht nur dem Ausgleich materieller, sondern auch ideeller Schäden[283]); die zivilrechtlichen Ansprüche auf Schadensersatz in Geld gleichen regelmäßig nur den erlittenen Vermögensschaden aus, § 253 BGB[284]). Freilich hat die Buße gemäß § 188 in der Praxis keine nennenswerte Bedeutung erlangt; in das neue Strafgesetzbuch wird sie voraussichtlich nicht übernommen werden. Solange die rechtliche Möglichkeit besteht, gegen den Täter neben der Strafe auf eine Buße zu erkennen, müssen daraus auch die dogmatischen Konsequenzen gezogen werden.

Wenn eine Handelsgesellschaft öffentlich oder durch Verbreitung von Schriften, Darstellungen oder Abbildungen in ihrer Ehre getroffen ist, wird sie bestrebt sein, die Verurteilung des Täters öffentlich bekanntzumachen. Die Befugnis, das Urteil auf Kosten des Schuldigen zu veröffentlichen, steht gemäß § 200 nur dem Beleidigten zu. „Als Beleidigte im Sinne dieser Bestimmung sind jedoch nach anerkannter Rechtsprechung nur diejenigen anzusehen, die entweder selbst einen Strafantrag gestellt oder sich im Verfahren als Nebenkläger angeschlossen haben[285]).“ Eine Handelsgesellschaft darf durch ihre gesetzlichen Organe oder Vertreter nur dann Strafantrag stellen, wenn sie selbst passiv beleidigungsfähig ist. Andernfalls sind nur die Mitglieder befugt, die Strafverfolgung zu begehren; dann sind ausschließlich sie Beleidigte im Sinne des § 200. Ist aber in Wirklichkeit der Verband in seiner Ehre verletzt, so führt die Bekanntmachung nur dort zu dem beabsichtigten Erfolg, wo dem Verband die Befugnis eingeräumt wird; nicht in jedem Falle reicht es aus, daß einzelne Gesellschafter das Urteil veröffentlichen. Denn sind „durch eine Tat mehrere Personen verletzt, so kann nicht jedem die

---

[281]) Die Entschädigung steht ausschließlich der Gesellschaft zu, wenn allein ihre Ehre verletzt ist.

[282]) Vgl. dazuoben § 7 II 2, 3.

[283]) Vgl. statt vieler Schönke-Schröder, Vorbem. IV 4 a vor § 13.

[284]) Der in § 847 BGB geregelte Ausnahmefall trifft bei Beleidigung einer Handelsgesellschaft nicht zu.

[285]) Schleswig-Holst. OLG in SchlHA 1953, S. 156; vgl. auch RG 60, S. 80 und Schönke-Schröder, § 200 Anm. II 4.

Befugnis zur Bekanntmachung der gesamten Verurteilung, sondern nur zu der des ihn betreffenden Teiles zuerkannt werden“[286]).

VII. Der strafrechtliche Ehrenschutz der Handelsgesellschaften ist auch zur Wahrung des Rechtsfriedens dringend geboten. Es kommt nicht selten vor, daß gewissenlose Ehrabschneider planmäßig und zielbewußt durch fortgesetzte Verleumdungen das wirtschaftliche und sozialpolitische Wirken handelsrechtlicher Verbände untergraben und häufig deren ganze Existenz vernichten. Es wäre vom kriminalpolitischen Standpunkt aus im höchsten Maße zu bedauern, wenn diese unnötigen Beleidigungen nicht bestraft werden dürften[287]).

Strafrechtlicher Ehrenschutz von Handelsgesellschaften ist auch aus dem Grunde zweckmäßig, weil jene regelmäßig mehr in der Öffentlichkeit stehen als Privatpersonen und daher auch das Gemeininteresse an ihrem Schutze zumeist größer ist. Der Staat muß bestrebt sein und ist auch bestrebt, diese Verbände zu erhalten und zu fördern. Indem er die handelsrechtlichen Organisationen beauftragt, an seinen Aufgaben mitzuwirken[288]), spart er Mühen und Kosten und kann sich anderen — für ihn vielleicht wichtigeren — Zielen zuwenden. Das Interesse der Volksgemeinschaft an der Errichtung von Handelsgesellschaften läßt sich nicht leugnen. Doch nicht allein die Gründung, sondern auch der Fortbestand wirtschaftlicher Vereinigungen muß durch den Staat gesichert werden. Ein ausreichender Ehrenschutz ist dafür notwendig, weil die Ehre, die eine Handelsgesellschaft besitzt, ein Lebenselement für sie ist.

Gesetzgeber und Richter, die nur den physischen Personen strafrechtlichen Ehrenschutz gewähren wollen, werden dem Rechtsempfinden weiter Volkskreise nicht gerecht. „Es kann bei der Unzahl von Beleidigungsprozessen, die in der jetzigen Zeit anhängig gemacht werden, von den Mitgliedern einer beleidigten Korporation mit Recht als Schikane angesehen werden, wenn jeder Mensch als Einzelperson den strafrechtlichen Ehrenschutz genießt, und sie es mit ansehen müssen, wenn ihr Verein, ihr gemeinsames Handelsunternehmen oder was es sonst ist, an dessen Aufbau ihnen vielleicht mehr liegt als an persönlichen Vorteilen, allen Schmähungen ausgesetzt ist[289]).“

Schützt man dagegen auch die Handelsgesellschaften gegen beleidigende Äußerungen im Sinne der §§ 185 ff., so wird der verbreiteten Neigung zu unnötigem Lästern und damit einer Verrohung und Vergiftung des öffentlichen Lebens entgegengewirkt. Die Achtung vor den sittlichen und sozialen Werten der anderen, auch der Respekt vor dem sozialen Wert einer handelsrechtlichen Vereinigung, ist für ein friedliches Zusammenleben innerhalb einer

---

[286]) Schönke-Schröder, § 200 Anm. II 4 mit Hinweis auf RG DJ 1939, S. 1284.

[287]) Vgl. auch v. Hippel, S. 218 Anm. 3.

[288]) Vgl. oben § 3 VI 3.

[289]) Lehndorff, Graf, S. 24.

Gemeinschaft unerläßlich. „So stimmt das Interesse der Gesamtheit am Rechtsfrieden mit dem Interesse des Ehrenträgers am möglichst umfassenden Ehrenschutz unmittelbar zusammen[290].“

---

[290]) Schaefer LK II, Vorbem. I 4 vor § 185.

ANHANG

Die in Rechtsprechung und Rechtslehre Jahrzehnte hindurch umstrittene Frage, ob ausschließlich natürliche Personen oder — unter gewissen Umständen — auch Personenvereinigungen strafrechtlichen Ehrenschutz genießen sollen, ist in den Beratungen der Großen Strafrechtskommission eingehend erörtert worden.

In diesem zur Reform des deutschen Strafrechts berufenen Gremium ist vorgeschlagen worden, schon durch den Wortlaut des künftigen Strafgesetzes klarzustellen, daß Ehre allein dem Menschen zukomme; ein modernes Strafrecht dürfe nicht nur von Erwägungen der Zweckmäßigkeit beeinflußt, sondern müsse auch von ethischen Gedanken geleitet sein. Im Gesetz selbst müsse daher eindeutig zum Ausdruck kommen, daß alle Gemeinschaften und Verbände — da sie keine sittlichen Werte besitzen — nicht ehrfähig seien. Zu diesem Zweck müßten in die Strafnormen über Beleidigungen die Worte: „Wer einen Menschen beleidigt . . .“ aufgenommen werden[291]). Hierbei wird indessen verkannt, daß die Ehre als berechtigter Anspruch auf Achtung nicht ausschließlich auf sittlichen, sondern ebenso auf sozialen Werten beruht[292]); daß auch Personengemeinschaften eigene soziale Werte besitzen können, läßt sich nicht leugnen. Schon aus diesem Grunde mußte der erwähnte Vorschlag abgelehnt werden; in der Großen Strafrechtskommission hat er keine Mehrheit gefunden.

Im Gegensatz dazu ist der Gesetzgeber bei den Reformarbeiten für ein neues Strafrecht von anderer Seite aufgefordert worden, den Beleidigungsschutz aller Personenmehrheiten, die soziale Werte verwirklichen, im positiven Sinne zu regeln; der Schutz solcher Gemeinschaften müsse im Gesetz selbst statuiert werden[293]). Auch dieser Antrag ist zurückgewiesen worden.

Die Mitglieder der Großen Strafrechtskommission haben sich überwiegend für eine vermittelnde Lösung ausgesprochen, die die Probleme der passiven Beleidigungsfähigkeit von Personenvereinigungen offenläßt[294]). Ihrer Ansicht nach darf die Frage, ob eine Personenmehrheit beleidigt werden kann, im gegenwärtigen Zeitpunkt noch nicht durch Gesetz entschieden werden. „Die Abgrenzung der schutzwürdigen Gemeinschaften ist noch nicht so weit geklärt, daß der Gesetzgeber sich festlegen könnte. Es muß Aufgabe der

---

[291]) Vgl. die Ausführungen von Fritz, Niederschriften Band 9, S. 92; zustimmend Baldus, Niederschriften, Band 9, S. 92.

[292]) Vgl. oben § 2 II.

[293]) Vgl. zum Beispiel Kern, S. 306.

[294]) Vgl. Lange, Niederschriften, Band 9, S. 95; Dreher, Niederschriften, Band 9, S. 97.

Rechtsprechung sein, in organischer Entwicklung herauszuarbeiten, ob und gegebenenfalls in welchem Bereich Personenmehrheiten beleidigungsfähig sind[295]).“

Der Entwurf 1960 nimmt daher zu den Problemen des strafrechtlichen Ehrenschutzes von Personengemeinschaften nicht eindeutig Stellung. Seine Vorschriften über Üble Nachrede, § 173, Verleumdung, § 174, und Kundgabe von Mißachtung, § 175, drohen demjenigen Täter Strafe an, der „über einen anderen“ eine ehrenrührige Behauptung aufstellt oder „einen anderen“ beleidigt. Der Wortlaut dieser Vorschriften läßt somit beide Arten der Auslegung zu: Sowohl diejenige, nach der allein die Ehre natürlicher Personen geschützt werden soll, als auch jene, die der Individual- und Kollektivehre Schutz gewähren will. Der Entwurf 1960, der in § 180 Absätze 3 und 4 die Straftaten „gegen das Ansehen“ der Behörden und politischen Körperschaften erwähnt, sagt auch an dieser Stelle nichts darüber aus, ob und welche Personenmehrheiten passiv beleidigungsfähig sind. Durch die Wendung „gegen das Ansehen“ wird denen, „die das Rechtsgut der Ehre ausschließlich für natürliche Personen vorbehalten wollen, die Möglichkeit eröffnet, diese Vorschriften als ausdrückliche gesetzliche Anordnung zu verstehen, die Beleidigungstatbestände zum Schutze des Ansehens von Behörden und politischen Körperschaften sinngemäß anzuwenden“[296]).

Der von der Großen Strafrechtskommission vorgeschlagene und im Entwurf 1960 beschrittene Weg trägt nicht dazu bei, die Fragen des Ehrenschutzes der Personengemeinschaften zu lösen. Die Forderung nach Rechtssicherheit und Rechtsklarheit wird vom Gesetzgeber nicht erfüllt, wenn er die Entscheidung über jahrzehntelang umstrittene Probleme auch künftg dem wissenschaftlichen Streit in Rechtsprechung und Rechtslehre überläßt. Den Versuchen, durch eine sinnvolle Auslegung des Gesetzes den Personengemeinschaften Ehrenschutz zu gewähren, werden andere Interpretationen gegenüberstehen, in denen die Ehre als Attribut des Menschen gewertet wird; Klarheit wird dann in dieser so grundlegenden Frage nicht geschaffen werden. Eine der wichtigsten Aufgaben bei einer Gesetzesreform besteht aber gerade darin, die bisher im Fluß von Rechtsprechung und Wissenschaft nicht einheitlich beantworteten Fragen zu regeln. „Es bleibt zwar der Grundsatz aufrechterhalten, daß ein Gesetz als staatlicher Rechtsspruch nicht dazu bestimmt ist, den fließenden Entwicklungsstrom zu unterbrechen. Ein Gesetz muß Wissenschaft und Rechtsprechung den Raum zu fruchtbarer Fortentwicklung belassen[297]).“ Dem steht jedoch nicht entgegen, in dem neu zu schaffenden Gesetz alle Probleme zu lösen, „die durch die Entwicklung eine in etwa abgeschlossene Entscheidung erfahren haben und in den täglichen Ein-

---

[295]) Lange, Niederschriften, Band 9, S. 96.

[296]) Entwurf 1960, Begründung, S. 292; mit anderen Worten soll der Entwurf auch die Auslegung zulassen, daß hier nicht die Ehre, sondern die Autorität des Staates geschützt wird; vgl. dazu oben § 1.

[297]) Dahs NJW 1958, S. 1165.

zelfällen der Praxis dauernd zu behandeln sind"[298]). Wenn diese Grundsätze nicht beachtet werden, bleiben Sinn und Zweck einer Reform weitgehend unerfüllt.

Es ist richtig, daß der Gesetzgeber seine Kompetenzen überschreitet, wenn er in einer bedeutsamen Frage „eine Entscheidung aus einer im Augenblick überwiegenden Auffassung heraus"[299]) trifft, denn das Gesetz soll Jahrzehnte hindurch gelten und dem häufigen Wandel der Meinungen nicht unterworfen sein. Die Lehre, daß auch Personengemeinschaften Träger eigener Ehre sein können, beruht indessen nicht auf einer bloß im gegenwärtigen Zeitpunkt vorherrschenden Meinung. Obwohl das geltende Strafgesetzbuch Hinweise weder für noch gegen die Ehrfähigkeit von Kollektivpersonen enthält[300]), hat diese Lehre im Schrifttum ständig neue Anhänger gefunden; sie ist ebenfalls — wenn auch nur zögernd — bis zu einem gewissen Grade von der Rechtsprechung übernommen worden. Völlige Übereinstimmung wird sich hier nicht eher erreichen lassen, als der Gesetzgeber seinen Willen im Gesetz klar zum Ausdruck gebracht hat.

Zudem ist der Ehrenschutz von Personengemeinschaften im modernen Zeitalter mehr denn je gerechtfertigt und rechtspolitisch erwünscht. Die einzelnen Menschen werden heute in zunehmendem Maße in Verbänden organisiert. Der „Drang zum Kollektiv" muß nicht unbedingt negativ gewertet werden; es kommt vielmehr auf die Art der Vereinigung an. Denn die Tatsache, daß man seine körperlichen und geistigen Kräfte zusammen mit anderen einer gemeinsamen Sache widmet, ist durchaus billigenswert. Daraus folgt, daß zwar nicht alle, aber viele Gemeinschaften, soziale Anerkennung verdienen.

Eine klare gesetzliche Regelung, die Ehrenschutz allen organisierten und mit sozialen Funktionen betrauten Gemeinschaften gewährt, ist im künftigen Strafrecht dringend erwünscht. Die hiergegen geäußerten Bedenken sind nicht durchschlagend. Rechtsdogmatische und kriminalpolitische Erwägungen sprechen für eine derartige Gestaltung des neuen Strafgesetzbuchs, wenn es dem Geist einer unaufhaltsamen Entwicklung, in der Personenverbände bedeutende soziale Aufgaben erfüllen, gerecht werden will. Der Gesetzgeber sollte den Entwurf 1960 insoweit aus Gründen der Gerechtigkeit und im Interesse der Rechtssicherheit abändern. Eine Aufzählung derjenigen Gemeinschaften, die als Träger eigener Ehre anerkannt werden, ist nicht ratsam. Ausreichend und geboten ist vielmehr eine allgemeine Bestimmung des Inhalts, daß rechtlich organisierte Personenvereinigungen mit sozialen Aufgaben strafrechtlichen Ehrenschutz genießen[301]). Damit würde zugleich klar-

---

[298]) Dahs NJW 1958, S. 1156.

[299]) Dreher, Niederschriften, Band 9, S. 97.

[300]) Vgl. oben § 1.

[301]) Vgl. insoweit die Vorschrift des § 54a im Referentenentwurf eines Gesetzes zur Neuordnung des zivilrechtlichen Persönlichkeits- und Ehrenschutzes

gestellt sein, daß die Gesellschaften des Handelsrechts passiv beleidigungsfähig sind.

(abgedruckt in Niederschriften Band 9, Anhang Nr. 3, S. 484): „Auf Vereine sind die Vorschriften der §§ 12 bis 20 sinngemäß anzuwenden."

In der Begründung (Niederschriften Band 9, S. 499) heißt es: „Da ... die §§ 12 bis 20 nach ihrer Stellung im Titel „Natürliche Personen" des 1. Abschnittes des 1. Buches des BGB sich nur auf natürliche Personen beziehen, erscheint eine Klarstellung, inwieweit sie auch für juristische Personen gelten, als erforderlich, jedenfalls als zweckmäßig. Die Nummern 2 bis 4 fügen entsprechende Vorschriften an den geeigneten Stellen des BGB ein. In allgemeiner Form wird ausgesprochen, daß auf juristische Personen die Vorschriften über den Persönlichkeitsschutz sinngemäß anzuwenden sind ... Die Anwendung dieses Grundsatzes im einzelnen kann der Rechtsprechung überlassen bleiben. Aus der Stellung des durch Nummer 2 eingefügten § 54 a ergibt sich, daß die Vorschrift sich nicht nur auf rechtsfähige, sondern gegebenenfalls auch auf nichtrechtsfähige Vereine bezieht."

Kolibri 360 GmbH
Ferdinand-Jühlke-Straße 7
99095 Erfurt, Deutschland
produktsicherheit@kolibri360.de